復興建築

モダン東京をたどる建物と暮らし

RECONSTRUCTION ARCHITECTURE

CONTENTS

COLUMN

ARCHITECTURAL MAP

※本書の内容は令和2年11月現在のものであり、その後状況が変化していることもありますので予めご了承ください。

はじめに

9月1日が「防災の日」であるのは、大正時代に起きた関東大震災の発生日であるのが理由です。

東京に大きな被害をもたらしたこの地震により、多くの人命と、明治、大正の東京を彩った建築が失われました。

本書で取り上げるのは、「帝都復興事業」と呼ばれた震災からの復興計画であり、その中で生まれた新しい東京を象徴する復興建築です。震災の復興期に建設され、鉄筋コンクリート造の耐久性をもってして、戦災と、その後の高度経済成長期、バブル経済期の開発の波もかいくぐってきた建築となります。

もちろん、失われたものもたくさんあります。しかし、なんとか息づいている当時の建築に光をあて、現在の東京につながる大きな変革点のひとつである関東大震災と、その後の都市と建築の復興に思いを馳せていただける一冊になればと思います。

栢木まどか

INTRODUCTION_01

関東大震災から復興へ

9月1日。各学校では二学期の始業式を迎え、八朔（旧暦の8月1日）にあたり各地の神社でお祭りの準備がされていた。昼食の用意に多くの家庭が火を使っていたであろう正午前、突然強い揺れが関東を襲った。

関東震災全地域鳥瞰図絵（吉田初三郎画／1924年９月作）

関東大震災の発生

関東大震災が発生したのは大正12（1923）年９月１日11時58分31.6秒。マグニチュード7.9、震源地は神奈川県西部から房総半島南東沖。東京・神奈川を中心に首都圏全域にわたり震度5〜7の揺れ。死者・行方不明者数約10万5000人（うち9割が火災による）、全潰・全焼・流失家屋は約29万3000棟という甚大な被害であった。津波・土砂崩れのほか、主となる被害は火災で、昼食時という時間帯に加え台風の影響など、被害拡大要因が重なった。

震災による大惨事

旧陸軍被服廠跡地（現在の都立横網町公園と第一ホテル、区立両国中学校、江戸東京博物館の一部を含む約２万坪の敷地）に約4万人の市民が避難。しかし四方を火災に取り囲まれ逃げ場を失い、火災旋風発生で約３万8000人が焼死または窒息死した。また大地震により人々が判断力を失い、さまざまな噂や虚言が無秩序に拡散。朝鮮人の虐殺や社会主義者が犠牲になった亀戸事件など、多くの人災を引き起こしていた。

被害状況数

東京府

東京市に被害が集中。ほとんどが火災によるもの。

死者数	70,387人 （うち住家全潰3,546人／ 火災66,521人／ 流失埋没６人）
住宅全潰	24,469棟 （うち非焼失11,842棟）
住宅半潰	29,525棟 （うち非焼失17,231棟）
住宅焼失	176,505棟（流失埋没２棟）

所蔵：公益財団法人後藤・安田記念東京都市研究所市政専門図書館

江戸東京から近代東京へ

当時の東京市の人口は現在の約２倍もの高密度であったことに加え、特に墨田川東側は木造家屋の密集地域となっており、震災直後134カ所から出火、うち77カ所が延焼火災となり拡大していった。また、多くの官公庁や文化・商業施設などの木造建築が全半壊の被害を受けたことから耐震・耐火構造が注目され、大正13年に日本初の耐震基準が規定される。以降、公共施設や公営集合住宅などから鉄筋コンクリート造に建て替えられ、復興が進んでいった。

神奈川県

横浜市に被害集中、ほとんどが火災によるもの。他地域では津波や土砂災害被害、工場倒潰による死者も多かった。

死者数	32,838人 （うち住家全潰5,795人／ 火災25,201人／ 流失埋没836人）
住宅全潰	63,577棟 （うち非焼失46,621棟）
住宅半潰	54,035棟 （うち非焼失43,047棟）
住宅焼失	35,412棟 （流失埋没497棟）

INTRODUCTION_02

帝都復興計画とは

所蔵：東京都復興記念館

建物が倒壊し、市電が立ち往生する日比谷交差点付近。煙を強調するため描き加えられている

「復旧」ではなく「復興」を

大正12年9月1日に発生した関東大震災は、死者約10万5000人という未曽有の被害をもたらした。

当時の日本は、これだけ大きな地震が来たにもかかわらず、ただちに対策にあたるべき政府が不在といってもいい状態だった。地震の9日前、海軍出身の首相・加藤友三郎が急死し、5日後には同じく海軍出身の長老・山本権兵衛に2度目の組閣の大命が降るも、人事をめぐってゴタゴタが続いていた。山本内閣が正式に発足したのは、地震発生から24時間以上過ぎた9月2日午後のことだった。

救援と復興の責任者となったのは、内務相の後藤新平。医師出身の後藤は、衛生行政に通じた都市建設のエキスパートで、台湾総統府民生長官や南満州鉄道初代総裁、東京市長などを歴任した人物だ。内相就任の2日夜、帰宅した後藤は机に向かい、ただちに復興根本案を書き上げる。①遷都すべからず、②復興費に30億円を要すべし、③我国に相応しい新都を造営せざるべからず、④地主に対し断固たる態度を取らざるべからず——の4項目である。

9月6日には「帝都復興の議」を閣議に提出、12日には「帝都復興の詔」が発せられる。27日には帝都復興院が発足し、後藤は総裁に就任した。「復旧」ではなく「復興」でいく方針も

出典：『帝都復興事業図集』

震災による火災で焼失した区域を示す図

出典：『近代日本人の肖像』

市長時代の東京大改造計画をもとに震災後の帝都復興計画を立案した後藤新平

出典：『東京市域拡張史』

東京市長として、復興事業に邁進した永田秀治郎

固まった。これほどまでにスピーディに進んだ背景には、後藤が東京市長時代に果たせなかった「東京市政要綱」があった。8億円を投入し、欧米並みの首都をめざす「東京大改造計画」である。「大風呂敷」とも称された計画だったが、これが復興構想のベースになる。

「大風呂敷」と揶揄された復興計画

「友人はいるが、子分はいない」と評された後藤の人脈は政官財界にまで広がっており、帝都復興においてもさまざまな才能を適材適所で使った。復興院総裁の後藤の意向を汲み手腕を振るったのは、後継の東京市長に就任した永田秀治郎。公共施設の整備は、耐震構造論の大家・佐野利器（東京帝大教授）に指揮をとらせ、経理局長には戦後、国鉄総裁として新幹線を推進する十河信二を起用する。都市計画に詳しい米国人、チャールズ・ビアードを招聘し、東京を欧米の最新都市のように全面的につくり替える復興計画をまとめた。

だが、後藤らによる復興計画は不評だった。40億円に膨れ上がった経費は「また後藤の大風呂敷か」と批判を呼び、被災地の土地を買い上げて区画整理した上で売却・貸し付ける案も反発が出た。最終的に復興予算は約4億6800万円に減額され、復興院は内務省外局の復興局に格下げされた。

復興後の日本橋界隈。中央には百貨店の三越が見える

貴衆両議院や各官省が並ぶ日比谷内幸町一帯。はるか左奥には、建築中の新議事堂の姿が

復興後、本所錦糸堀から深川方面を望んだ風景。この辺りは工場地帯が続き、大きな煙突が並ぶ

昭和天皇が評価した後藤の計画

大正12年12月に予算が成立し、帝都復興事業はスタートする。山本内閣は総辞職し、後藤は復興を実施する立場を失ったが、後藤とビジョンを共有する専門家たちが、復興に大きな役割を果たしていく。

復興計画は当初に比べて大幅に縮減されたが、国や市が中心となって焼失区域の区画整理、幹線道路や上下水道の完備、公園や耐火構造の小学校や橋の建設などが行われた。こうして世界でも例のない復興が短期間で成し遂げられ、その骨格が今日の東京を形づくっているのだ。

焼失区域を超えての区画整理や、大環状線の建設などは予算削減により実現せず、道路の幅も当初のプランから狭められた。昭和天皇は昭和53年の記者会見で、「もし、それが実行されていたら、おそらく東京の戦災は非常に軽かったんじゃないかと思って、今さら後藤新平のあのときの計画が実行されないことを非常に残念に思います」と話された。昭和天皇は、後藤の震災復興計画を高く評価されていたのだ。

出典：いずれも『大東京寫眞帖』

出典：『帝都復興区劃整理誌』

もっとも予算が割り当てられたのは、道路をつくる事業だった。昭和通りや靖国通りなどの幹線道路52路線のほか、補助線街路122路線が生み出され、その９割近くが舗装された。

所蔵：東京都復興記念館

30㎢を超える区画整理は、世界の都市計画史上にも類を見ない規模だった。地主を中心に反対運動も巻き起こったが、後藤と永田のリーダーシップにより近代的で利便性の高い市街地が形づくられた。

所蔵：東京都復興記念館

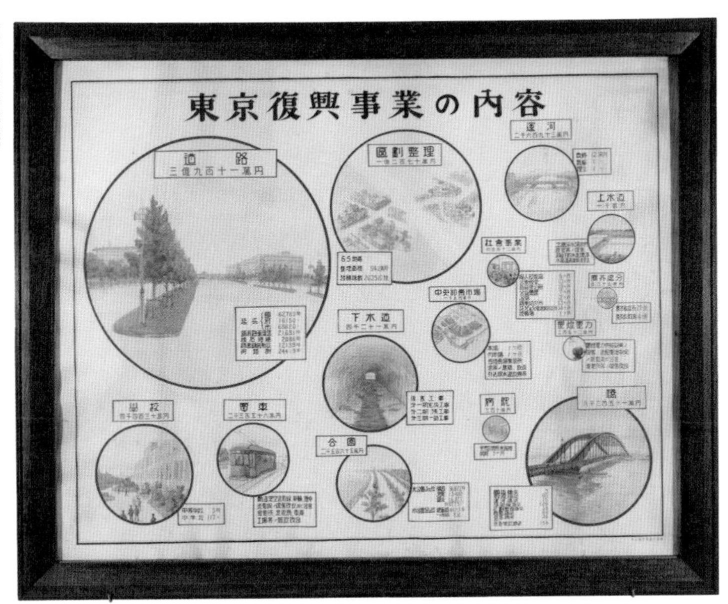

復興事業の内容と規模を示したポスター。予算配分が大きい事業は、円が大きくなっている

出典：『帝都復興区劃整理誌』

焼失した小学校を、鉄筋コンクリートで再建。不燃化・耐震化をはかった。復興小学校と呼ばれるこれらの小学校は近代的な外観デザインで、通気性・採光性にも優れていた。

出典：『帝都復興史』

「震災復興の華」と呼ばれた清洲橋や「帝都東京の門」と称された永代橋など、最新の技術と美しさを兼ね備えた隅田川橋梁群が、市民に復興を印象付けた。

INTRODUCTION_03

復興建築 変遷と特徴

【都市の不燃化と耐火建築 歴史年表】

復興建築にまつわるできごと

大正13(1924)年

●財団法人同潤会 設立
震災への義捐金をもとに罹災者への住宅供給を目的に設立

●市街地建築物法 改正
耐震に関する世界初の規定。地震荷重として「水平震度を0・1以上とする」条項の追加

●防火地区建築補助規則制定

大正12(1923)年

●関東大震災 発生

●バラック勅令(大正一二年九月一六日勅令第四一四号)公布
罹災地の2階建までの仮設建築には市街地建築物法の適用を免除→撤去期限が何度も延長され、うやむやに

大正11(1922)年

●東京都市計画防火地区告示
市街地建築物法にのっとり、ようやく防火地区が告示された

大正8(1919)年

●市街地建築物法・都市計画法公布
市街地建築物法にて初めて「防火地区」が規定される

建築

大正14(1925)年

●浅草寺仲見世がRC造で復興

●「アパートメント事業」のはじめに、中之郷アパートメントを竣工

大正13(1924)年

●鳩山会館 竣工。ステンドグラスは小川三知の作品。現存

大正12(1923)年

●旧帝国ホテル本館(ライト館)の落成式当日に震災発生するもほぼ無傷

大正11(1922)年

●文房堂 竣工(P65)。ファサードを保存し現存

大正10(1921)年

●日本初の相互会社・旧第一相互館 竣工。現在は解体

大正9(1920)年

●日本工業倶楽部 竣工。外観の一部を保存し現存

大正8(1919)年

●日本基督教団根津教会 竣工。現存

大正末期～戦前に見られた様式

【古典主義】

三菱銀行本店／古代ギリシャ、ローマを理想とする建築様式。オーダー(円柱と梁の構成)を用いる。

【アール・デコ】

旧遊楽館／直線的・幾何学的な装飾を主体とするデザイン。

【表現主義・分離派】

千住郵便局電話事務室／建築家の個性や主張が表れた主観的なデザインが特徴。

＊1：神武天皇の即位から2600年の節目とし、祝賀行事や記念式典が挙行された

本書では「関東大震災後から戦前（1923年〜1930年代頃）までに東京で建てられた、鉄筋コンクリート造（RC造）の建築・建造物」を〈復興建築〉と称し、今回は東京に焦点を当てて紹介する。地震と火災に打ち勝つ耐火・耐震建築の変遷と、当時よく見られた建築様式を紹介。

- 昭和16（1941）年
  - ●金属類回収令（＊2）公布
  - ●太平洋戦争 開戦
- 昭和15（1940）年
  - ●紀元2600年（＊1）幻となった東京オリンピックと日本万国博覧会の開催を計画していた
- 昭和13（1938）年
  - ●国家総動員法 公布 不要不急の建築は排除、一般の民需建築は制限
- 昭和12（1937）年
  - ●防空法・鉄鋼工作物築造許可規則
- 昭和10（1935）年
  - ●大東京建築祭 開催
  - ●『建築の東京』（都市美協会）発行
- 昭和5（1930）年
  - ●帝都復興祭 開催
  - ●『東京・横濱 復興建築圖集』（建築学会）発行
- 昭和3〜4（1928〜29）年
  - ●復興建築、共同建築の建設ピーク
- 昭和2（1927）年
  - ●金融恐慌
- 大正14（1925）年
  - ●復興建築助成株式会社設立 耐火建築への資金融資と建築設計を行う会社
  - ●市街地建築物法「防火地区」変更指定 防火地区の拡大、路線式防火地区の拡張など

- 昭和9（1934）年
  - ●明治生命館 竣工（P161）。現存
  - ●江戸川アパートメント 竣工。同潤会アパートの中で最後期のもの
- 昭和8（1933）年
  - ●清洲寮 竣工（P27）。民間のRC造アパートメント
- 昭和7（1932）年
  - ●浅草寺一山支院 竣工（P171）。RC造の寺院集合住宅
- 昭和6（1931）年
  - ●黒沢ビル（旧小川歯科医院）竣工（P178）。現存
- 昭和5（1930）年
  - ●野村證券日本橋本社ビル 竣工（P137）。現存
- 昭和4（1929）年
  - ●同潤会上野下アパートメント竣工（P28）。最後まで残った同潤会アパート
- 昭和2（1927）年
  - ●共同建築の代表例・今川小路共同建築（九段下ビル）竣工（P27）。現在は解体
- 大正15（1926）年
  - ●浴風会本館 竣工（P41）。現存

【ライト式】

自由学園／F.L.ライトの旧帝国ホテルとその後継デザインの総称。水平線を強調するデザインが特徴。

【インターナショナルスタイル】

旧沖電気／装飾を排除し、鉄、ガラス、コンクリートなどを使用した合理的なデザイン。

【日本趣味】

旧軍事会館（現九段会館）／鉄筋コンクリート造に和風の瓦屋根を乗せたような和洋折衷デザイン。

＊2：戦時中、武器生産に必要な金属資源が強制的に回収され、建築もあらゆる金属類の供出を求められた

INTRODUCTION_04

復興建築図鑑

モダン東京を形づくった復興建築群は、用途や立地条件によっても特徴があらわれ、様式もさまざま。共通していることは「耐火・耐震を目指した鉄筋コンクリート造」だということ。

通信施設 01

日本橋通郵便局 解体

昭和3(1928)年／逓信省
「逓信建築」ともいわれ、大正〜昭和にかけて逓信省営繕課により全国各地にインターナショナルスタイルの郵便・電話・電気事業の局舎が設計された。

ターミナル駅 02

上野駅 現存

昭和7(1932)年／鉄道省
大正14年に上野〜神田の高架線が完成、山手線の環状運転が開始。地盤の高さを利用して乗車口・降車口の分離。地下道を設けて車と人の往来も分けた機能的なデザインに。

官庁 03

旧内務省 解体

昭和8(1933)年／大蔵省
大手町にあった多くの官公庁が全焼。震災後に現在の霞ヶ関周辺に移転した。内務省は昭和22年まで国内行政の大半を担った。

市場 04

旧東京中央卸売市場築地本場

解体

昭和9（1934）年／東京市
震災前は日本橋が東京きっての魚市場だったが、帝都復興事業の一環で築地に「中央卸売市場」を開設。

工場 05

旧白洋舎

解体

昭和6（1931）年／隅田組
一般家庭ではまだ手洗いが主流だったが、ホテルなどの都市型サービス業の成立により、洗濯を産業化した例。

›› P047

地下鉄 06

地下鉄浅草駅

解体

昭和4（1929）年／東京地下鉄道工務課
当時「雷門ビル」と呼ばれ、食堂ビルを兼ねた地下鉄出入り口。昭和2年に日本初の地下鉄が「浅草〜上野」間に開通。震災で倒壊した浅草のシンボル「凌雲閣（12階）」の彷彿とさせる高層ビルだった。

給油所 07

旧西巣鴨ライジングサン給油所

解体

昭和5（1930）年／アントニン・レーモンド
日本で最初のガソリンスタンド。

オフィスビル　08

旧東京海上ビルディング 新館　解体

昭和5(1930)年／曽禰中條建築事務所
大正9年に市街地建築物法(＊1)で建築の高さが制限され、ビルは百尺(約31m)の高さで揃っていた。新館の前に建てられた「旧東京海上ビルディング旧館(解体)」は日本で初めて「ビルディング」と称した建物。

金融機関　09

旧第一銀行 本店　解体

昭和5(1930)年／西村好時(第一銀行営繕課)
日本最古の銀行。銀行は秩序や威厳を表わす歴史主義建築が多く採用されたが、昭和13年に戦時下を理由に様式建築の採用を禁止。

›› P141

商店(ペンシルビル)　10

旧大日本麦酒銀座ビヤホール(左)(現 ビヤホールライオン銀座7丁目)　現存

昭和8(1933)年／菅原栄蔵

資生堂ビル(右)　解体

昭和3(1927)年／前田健二郎
個人商店が高層化し、ペンシルビル(＊2)が多く見られるように。

劇場・映画館　11

武蔵野館　解体

昭和3(1928)年／明石信道
震災後、下町から人口移動で東京西部への交通が集中。ターミナルとなり繁華街へ発展。劇場や映画館も多く、新宿の武蔵野館は流行の流線形が特徴的なデザインに。

＊1：大正8年公布、建築基準法の前身にあたる建築法。住居・商業・工業の用途地域や防火・美観地区等の制度などを設けた

›› P032

小学校　12

四谷第五小学校 現存
（現吉本興業東京本部）

昭和9（1934）年／東京市
震災後、耐火・耐震性に備え子どもたちへより良い教育環境を整えるために「復興小学校」「改築小学校」を設立。

大学　13

旧東京商科大学講堂 現存
（現 一橋大学兼松講堂）

昭和2（1927）年／伊東忠太
震災後、国立に移転。箱根土地計画株式会社により東京商科大学を中心に据えた学園都市を開発。国立の区画や「大学通り」の道路名はその際につくられたもの。

›› P026

集合住宅　14

旧同潤会江戸川アパート 解体

昭和9（1934）年／同潤会
震災を受け、財団法人同潤会がつくった耐火アパート。当時、最新設備を備え「東洋一」と謳われた。

›› P044

宗教施設　15

佛光寺東京別院 西徳寺 現存

昭和5（1930）年／島藤本店設計部
震災後、木造建築の見た目そのままに鉄筋コンクリート造で多くの社寺建築がつくられた。

›› P127

百貨店　16

日本橋三越 本店 現存

昭和2（1927）年／横河工務所
ロンドンの老舗百貨店・ハロッズにならった建築。「デパートメントストア宣言」を行い日本初のデパートに。いち早く地下鉄客の取り込みに先見し、現在の「銀座線三越駅前」が生まれた。

＊2：狭い土地の上に建てられた中層建築物の通称。奥行きがあり、縦に細長い形を鉛筆に例えたもの

帝都復興で
生まれ変わった
東京の街

THEME

帝都復興計画から東京をたどる

帝都復興計画はどのように
「まち」をつくりあげていったのか。
100年先の未来を見据えたその構想は、
現在の東京にどう活かされているのか。
「帝都復興計画」で行われた
事業の一部を紹介しながら、
近代東京の成り立ちにせまる。

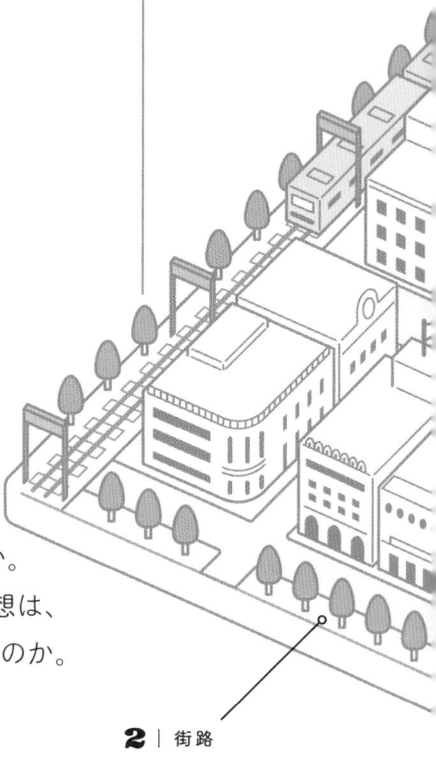

2｜街路

アイコンについて

- ●｜国が施工した事業
- ｜東京市が施工した事業
- ｜東京府が施工した事業

 参考：『帝都復興事業概観』（復興局編／昭和3年）

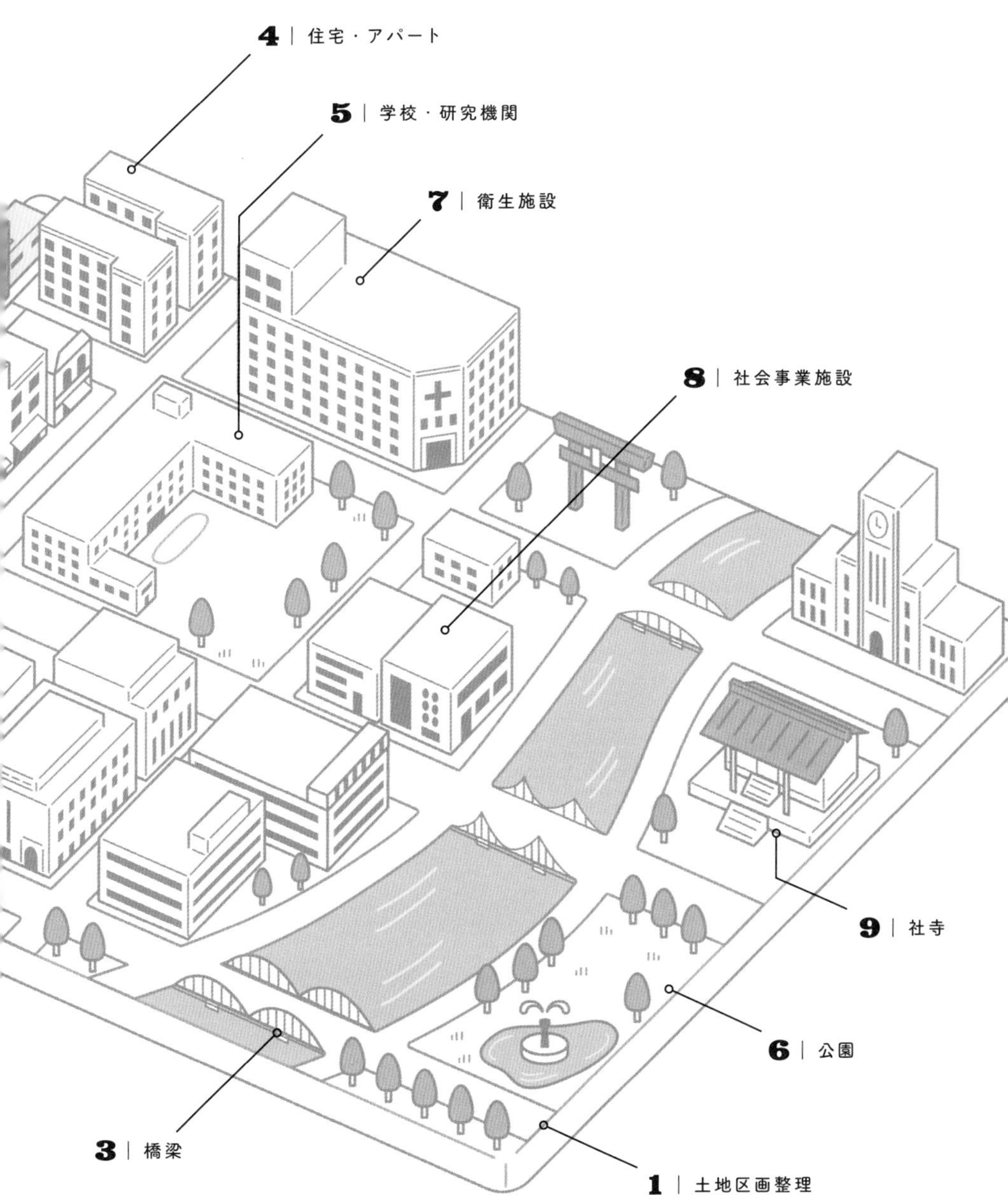
4 | 住宅・アパート
5 | 学校・研究機関
7 | 衛生施設
8 | 社会事業施設
9 | 社寺
6 | 公園
3 | 橋梁
1 | 土地区画整理

1 | 土地区画整理

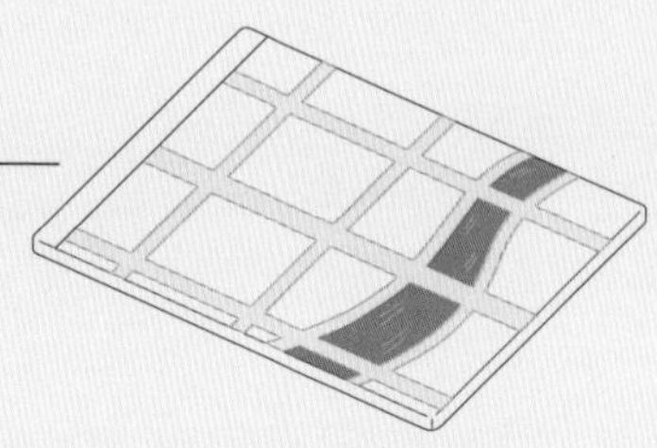

世界で類を見ない一大事業

区画整理で整備された東京の街並み

● | 15地区570ha

☼ | 50地区2400ha、町名番地の整理

昔ながらの街並みを大改造

大正12年9月1日の関東大震災で壊滅的打撃を受けた被災地は、12月の帝都復興計画の予算成立を受けて復興に向けて動き出した。

震災時の東京は、多くの人口を擁しているにもかかわらず、大通りの裏に狭い路地が複雑に入り組み、木造の町屋や長屋が密集するなど江戸の都市構造をそのまま引き継いでいた。復興事業の最大の柱は、そんな昔ながらの街並みを大小の街路が整然と整備された近代的な市街地につくり替える土地区画整理だった。

後藤新平の当初の案は被災地の土地を買い上げ、区画整理した上で売却・貸し付けるというものだったが、財政事情などを理由に枢密院顧問官・伊東巳代治(みよじ)らが反発。結局、土地所有者は1割の土地を無償で提供し、1割を超える部分については補償を得る形になった。だが、施行地区が告知されるや、個々の土地面積の減少が避けられないこともあって土地所有者を中心に激しい反対運動が巻き起こる。復興局は、パンフレットの発行や標語の募集など啓蒙活動を展開。推進派の演説会も十数回にわたって行われ、反対運動は次第に下火になった。

区画整理は、東京市では罹災地を対象に65の地区に分けて実施され、国が15地区、東京市が50地区を担当した。震災前の宅地の約12.5%が公共用地に供されて、幹線道路や生活道路が四通八達。上下水道も整備され、近代的な市街地ができあがった。

こうして、震災の焼失区域の9割に相当する既製市街地の大改造が、約6年3カ月という短期間で実現した。これは、世界的に見ても例のない都市計画史上の壮挙だった。

市民に区画整理を周知する啓発パンフレット

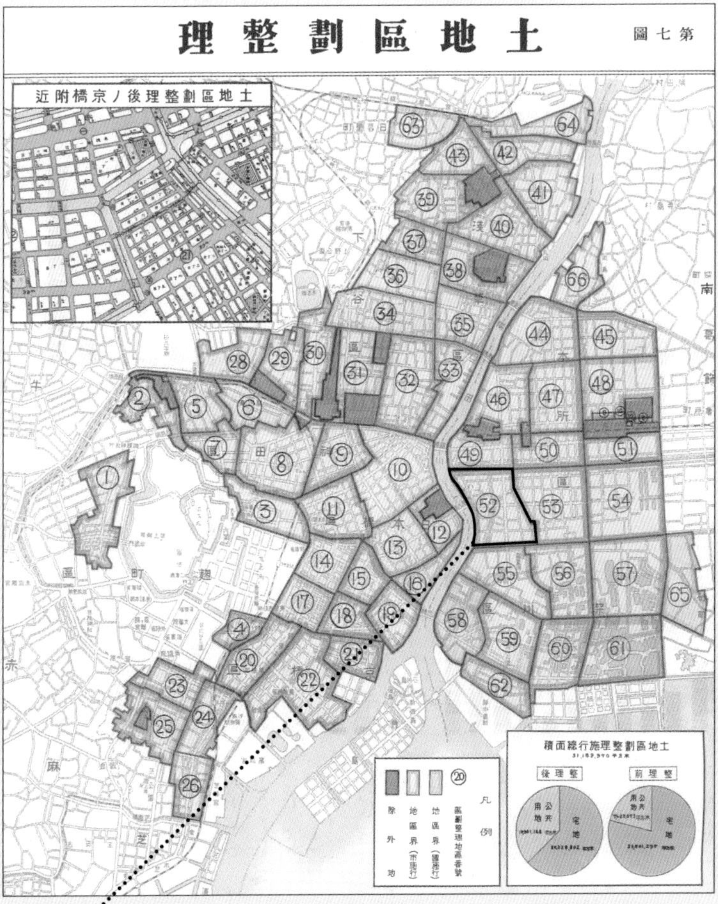

第七圖 土地區劃整理

土地區劃整理後ノ京橋附近

凡例
⑳ 區劃整理地區番號
地區界（國施行）
地區界（市施行）
除外地

土地區劃整理施行總面積
整理後
整理前

土地区画整理の地区区分を表す図（『帝都復興事業図集』）。大規模な15地区を国が、残りの50地区を東京市が担当した

区画整理前

深川区西六間堀町（現在の江東区新大橋）から菊川町（現在の墨田区菊川）方面を見た、区画整理前の写真。

区画整理後

区画整理後の写真。幹線第29号として整備され、周囲の家々も整然と並んでいる。

出典：ともに『帝都復興区劃整理誌』

2 | 街路

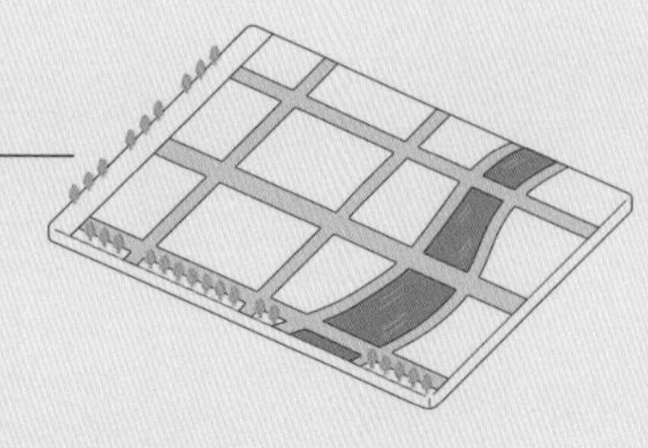

近代的な道路が出現
2つの幹線を中心とした道路網

● | 幹線道路（幅員22m以上）52線119km、街路舗装、砂利採取場２カ所
☼ | 補助線街路（幅員11〜22m）122線139km、舗装主要街路93km
◉ | 国道改修（京浜国道他４路線16km）、環状線７線９km、放射線２線2.9km

区画整理で確立した近代道路の思想

江戸時代の城下町・宿場町の街路の幅員は、10メートルに満たないもので、ほとんどが数メートル程度だった。明治になって近代国家の首都としてインフラ整備のための市区改正事業が始まったが、財政難のため遅々として進まず、大正８年に都市計画法が公布されて、ようやく都市計画に関する法制度が整った。そんな矢先に起きたのが、関東大震災だった。これを好機と見て、帝都のインフラが一気に整えられていく。

復興事業では、東京市に幅員22メートル以上の幹線道路52路線、幅員11メートル以上の補助線街路122路線が整備され、区画内のその他の道路を含めると、総延長は750キロにも及んだ。その軸となったのが、東京の既製市街地を南北に貫く第一号幹線道路「昭和通り」（幅員44m）と東西に貫く第二号幹線道路「大正通り」（幅員36m。現在の靖国通り）である。この２つの通りを中心に、近代的な道路が不規則な格子状に交差するパターン、そして東京駅を中心として放射・環状道路を組み合わせた道路網が構築され、今日の東京の骨格をなす道路網が形成された。

江戸時代には一緒だった歩道と車道が分離され、街路樹や照明を完備した近代的な道路が出現する。本格的な舗装がなされるのも当たり前になった。舗装率は大正11年に10％に満たなかったが、昭和７年末には82%にまで上昇している。

MEMO

イチョウが街路樹に採用されるワケ

復興事業の一環で整備された、東京駅から外苑に向かって延びる幅員73メートルの「行幸道路」には、４列のイチョウ並木と植樹帯が設置された。関東大震災では、東京の街路樹の６割以上が火災によって焼失したが、葉や幹に水分を多く含むイチョウの並木は多くが燃え残り、延焼を防いだ。これによりイチョウが火事に強いことが証明され、神宮外苑をはじめ各地で「火伏の木」として街路樹に採用されるようになったのだ。

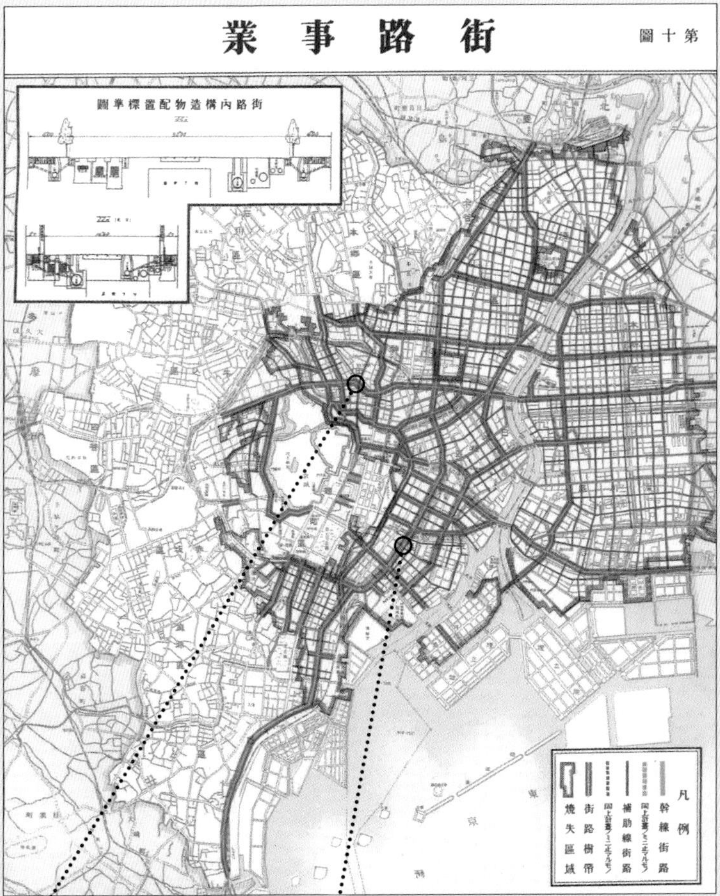

第十圖

街路事業

街路内構造物配置標準圖

凡例
幹線街路
補助線街路
街路樹帯
焼失區域

街路事業の全体像を示した地図（『帝都復興事業図集』）。オレンジ色が幹線。緑色は街路樹帯を表す

大正通り（現在の靖国通り）

東西の軸として整備された「幹線第二号」。復興を機に幅員36メートルに拡張。写真は、九段坂から神田神保町方面を見下ろしたところ。かつては急勾配だったが、緩やかな坂に改修された。

昭和通り

出展：ともに『大東京寫眞帖』

三ノ輪から新橋までをつなぐ南北の軸として計画された「幹線第一号」で、幅員は44メートル。昭和という新しい時代にちなんで命名された。写真は、江戸橋から京橋方面を望んだところ。

3 | 橋梁

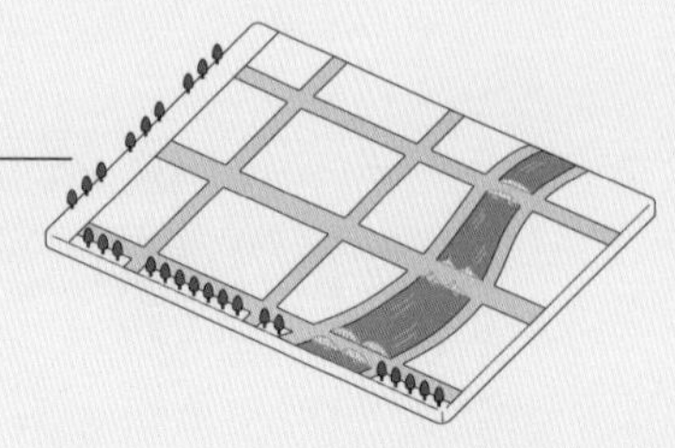

復興の息吹をいち早く伝えた

工学と美学の調和を追求した橋梁群

[●] | 隅田川六大橋を含む幹線街路96橋、運河改修関連15橋、区画整理関連1橋

[☼] | 補助線街路134橋、区画整理関連52橋、改築84橋、補修仮橋194橋

[◎] | 六郷橋（神奈川県と共同施行）、千住大橋架橋

多様な形式の隅田川六大橋

関東大震災では、隅田川周辺の家々を焼き尽くす猛火から逃げ惑う人々が行き場を失って川に飛び込み、命を落とした。その隘路（あいろ）となったのは、次々と焼け落ちた橋だ。全部、または一部が木造だった橋が焼け落ち、住民の避難経路を断って死者を増やす原因となってしまった。

こうした背景から、復興事業では隅田川の橋梁の新設が重視された。新たに建築する橋梁は最新技術で設計し、交通の便や安全性を兼ね備えた耐震耐火構造にした。芸術家や建築家などからなる「意匠審査会」を設け、工学と美学の調和も追求した。

橋梁事業を指揮した太田圓三（えんぞう）（復興院土木局長）がとくに力を注いだのは、国が担当した隅田川六大橋（相生橋、永代橋、清洲橋、蔵前橋、駒形橋、言問橋）で、タイドアーチ（永代橋）や自碇式吊橋（清洲橋）、ゲルバー桁橋（言問橋）など、周囲の風景に調和する多様な形式が採用された。一方、東京市は隅田川の厩橋や吾妻橋、両国橋、神田川の聖橋、御茶の水橋などを担当した。

「震災は僕等のうしろにある『富士見の渡し』（＊1）を滅してしまった。が、その代りに僕等の前には新しい鉄橋を造ろうとしている」（『大東京繁昌記 下町篇』）。大震災の4年後、小説家の芥川龍之介は、復興へと邁進する東京の街々を歩き、隅田川の蔵前橋の架橋工事を活写した。新たに誕生した橋梁群が、復興の息吹を市民にいち早く伝えたのである。

1 駒形橋

2 厩橋

3 蔵前橋

＊1：江戸幕府の米蔵が近くにあったため、「御蔵の渡し」とも呼ばれた。隅田川には明治初期に20以上の渡し（渡船場）があった

第十二圖 十大橋鳥瞰圖

言問橋
吾妻橋
駒形橋
厩橋
蔵前橋
両国橋
新大橋
清洲橋
永代橋
相生橋

隅田川に架かる10の橋を鳥瞰したイラスト(『帝都復興事業図集』)。一番下の相生橋と下から四番目の新大橋は、現在は架け替えられている

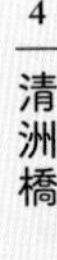

4 — 清洲橋

5 — 永代橋

出典：いずれも『帝都復興史：附・横浜復興記念史・第1巻』

1　浅草通りにある橋長150メートルの橋。橋の名は、橋のたもとにある駒形堂に由来する

2　堂々たる雄姿を誇る、橋長152メートルの三連下路タイドアーチ。橋名は西岸にあった御厩河岸にちなむ

3　橋長173メートルのアーチ橋。本郷湯島から蔵前を経て亀戸に至る、22号幹線に架設された

4　橋長186メートルの自碇式吊橋。女性的な優美なデザインで、「震災復興の華」と称された

5　橋長185メートルのアーチ橋(タイドアーチ)で、重厚かつ雄大、男性的なデザインで、「帝都東京の門」と称された

4 | 住宅・アパート

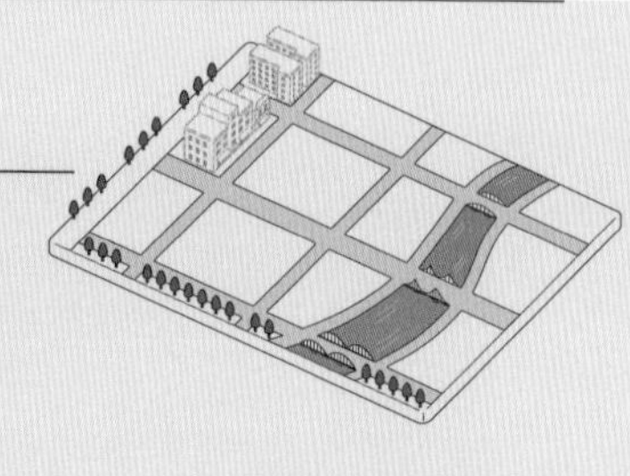

木造から鉄筋コンクリート造に

震災後に進んだ耐震・耐火構造

防火地区建築補助規則、復興建築助成株式会社

震災前後で変化した住宅事情

大震災で東京の市民を何より怯えさせたのは、火の威力だった。震災による被災戸数は41万6000戸で、そのうち9割を超える37万6000戸が火災による全焼。地震による建物の倒壊より、火災のほうがはるかに多くの犠牲者を出している。帝都復興計画では焼失区域内に防火地区を指定し、地区内の建築物に耐火構造を徹底することにした。

住宅を失った被災者の中には、疎開によって他の地域に移り住む者も少なくなかったが、多くは被災地内で住宅の再建を試みた。応急的な住宅支援として公設のバラック（右図表の『バラック建築』参照）住宅が建設され、自力で再建する人に向けて住宅再建資金の支援、応急修理用の資材の提供などの住宅支援措置が取られたが、それだけでは不十分で、私設バラックが大量に建築されることになる。

資金不足で耐火建築が実現できないと考えた市民がとった方策が、複数人による「共同建築」だった。復興局は建築費の節約や狭小敷地の有効的な活用を謳って熱心に共同建築を推進。今川小路共同建築（九段下ビル）など、東京と横浜に約70棟が建設された。

震災の翌年、各地からの義援金1000万円をもとに内務省の外郭団体として財団法人「同潤会」が設立された。罹災者用の木造仮設住宅の供給、木造の普通住宅、分譲住宅などを手掛けた同潤会が、大正14年から手掛けたのが、鉄筋コンクリート造の集合住宅「同潤会アパート」。大正15年の中之郷アパートから昭和9年竣工の江戸川アパートまで、東京15カ所、横浜1カ所に建設され、震災後の住宅の近代化をリードする。

この時代、田園調布や大泉学園、成城学園など新しく誕生した郊外の住宅地には、立派な洋風住宅が建てられた。そこまで本格的ではなくても、「せめて一部屋だけでも」と、小さな洋風の応接間をつけた「文化住宅」も、市民にとって憧れの存在となった。

出典：『建築の東京』（都市美協会）

東京市本所区（現在の墨田区）に建てられた中之郷同潤会アパート（昭和63年解体）

関東大震災前後の「住宅」について

明治後半〜大正初期

都市問題への意識高まる

住宅不足・物価高騰・インフラ整備の遅れ・スラム化など

生活スタイルの変化

洋装・椅子座・会社へ通勤する生活など

大正8年（1919）

都市計画法・市街地建築物法（建築基準法の前身）

「防火地区」が設定され、建築構造の不燃化が定められた

住宅改良運動 住宅展覧会

東京平和祈念博覧会内「文化村」など

大正12年（1923）

関東大震災

罹災地の住宅

バラック建築

バラックとはフランス語で「小屋」の意。震災復興期においては、罹災地における公設、私設の木造仮設住宅（本建築以外の建築）の総称

看板建築

木造だけどせめて外装をモルタルや銅板で被覆しよう、見栄え良くしようとしたもの

たとえ防火地区内でも耐火建築化はなかなか進まず、大部分は木造バラックのまま戦時下へ……

復興建築＝「耐火建築」

防火地区内において鉄筋コンクリート造の「耐火建築」が求められたのは住宅も同じ

共同建築

資金難・狭小敷地への対策として複数人共同で耐火建築化したもの

出典：『建築画報』（建築画報社）

今川小路共同建築（九段下ビル）〈1927〜2012〉。隣接する商店店主が共同で建てた

郊外住宅地の誕生

罹災市民が郊外へ移る、いわゆる「住宅地」の誕生。「文化住宅」もその一例

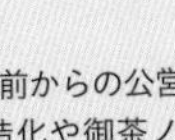

震災前からの公営住宅のRC造化や御茶ノ水文化アパート

同潤会アパート

住宅復興を目的として創設され、アパートメント建設を行った

民間のアパート

同潤会の例を見て民間アパートも増加した

清洲寮〈1933〜〉。昔ながらのタイルや建具が残る現役集合住宅

INTERVIEW

最後の同潤会アパート「上野下アパート」

上野下アパートの屋上。物干し場は共有で、植物を育てている人も

テレビも風呂もない暮らし

関東大震災の４年後の昭和２年、銀座線の上野〜浅草間2.2キロに日本初の地下鉄が開通した。その上野駅から一駅、稲荷町駅からすぐのところにあるアパートが、平成25年夏、84年の歴史を静かに終えた。

上野下アパート──。昭和４年に完成した鉄筋コンクリート造４階建て（２棟76戸）のこのアパートは、“最後”の同潤会アパートだった。上野下アパートは、４階部分の一部（２号館のみ）が外側に張り出した姿が特徴的な建物で、住居部分には２Kとワンルームタイプがあった。２Kは、当時珍しかった和式の水洗トイレやゴミを１階の集積所に直接送るダストシュートを完備。２号館の４階にあったワンルームタイプは４畳半か６畳で、廊下を挟んで南北に部屋が並んでいた。トイレや台所は共用だった。

昭和25年に生まれてから60年以上を上野下アパートで過ごした金工（鍛金家）の大沼千尋さん（70歳）が、幼い頃の思い出を語ってくれた。

「小学校（復興小学校の旧下谷小学校）に入ると、上野の山（上野公園）のほうまで友達と遊びにいきました。上野下アパートの１階には集会所があったんですが、そこにアルバイトの学生さんに来てもらい、子どもたちが勉強を見てもらっていました」

アパートの庭にはイチョウの木や井戸があり、そのあたりが共同の洗い場になっていた。当時はまだ洗濯機が普及していなかったから、洗濯といえば洗濯板と洗い桶だった。仲のいいお母さんたちはそこで、井戸端会議のようによく集まって話をしていたという。

「上野下アパートは、階段がとても広かった。だから友達の家に行くと、『狭いな』と感じたのを覚えています。コルク敷きの床の上にゴザを敷いて暮らしていました」

広い階段を上りきると、屋上に出る。屋上は洗濯物を干す場所だった。大沼さんが子どもの頃は、周りに上野下アパートよりも高い建物はなく、屋上から遠くまで見渡せたという。両国での隅田川の花火大会も見えたが、次第にビルが建ち、見えなくなってしまった。

大通り（清洲橋通り）に面した1階には、床屋などの店舗が並んでいた。一方、アパート横は細い通りで、向かい側には長屋が連なっていた。

「当時、テレビを持っている人はほとんどいなかったんですが、その長屋に一軒だけ持っている家があった。私は夕ごはんを食べると、テレビを見せてもらいにその家に通っていました。野球やプロレス、探偵モノ……。そういう番組を夜遅くまで見て、家に帰る。それが子どもの頃の日課でした」

各家庭に風呂がないのも当たり前の時代。アパートの住人たちは、すぐ後ろにある銭湯「寿湯」に通っていた。向かいの長屋には噺家の8代目林家正蔵（後の林家彦六）や9代目桂文治が住んでいて、大沼さんはその姿を寿湯でもよく見かけたという。

左／昭和43年にアパート屋上から撮影した風景
上／解体による引っ越し前に食べたお別れケーキ
下／アパート向かいの通称「落語長屋」。8代目林家正蔵や9代目桂文治が住んでいたことも

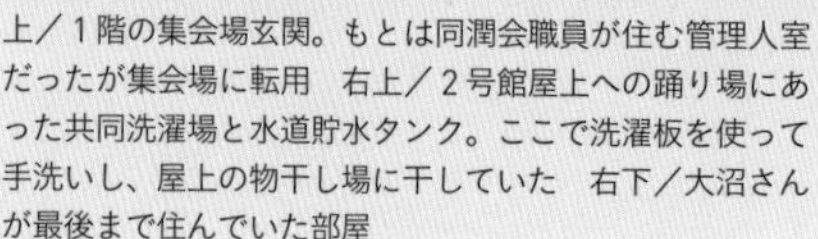
上／1階の集会場玄関。もとは同潤会職員が住む管理人室だったが集会場に転用　右上／2号館屋上への踊り場にあった共同洗濯場と水道貯水タンク。ここで洗濯板を使って手洗いし、屋上の物干し場に干していた　右下／大沼さんが最後まで住んでいた部屋

現代のマンションにはない「ゆとり」

同潤会アパートは、払い下げ後（＊1）は配管などの老朽化が進み、居住性への不満も噴出。そこに都市再生ブームが重なり、建て替えビジネスの格好の的になった。1980年代から建て替えが進められ、江戸川アパートは11階のマンション、青山アパートはファッションや飲食店などの複合施設「表参道ヒルズ」に。そして三ノ輪アパートが平成25年に解体され、最後の上野下アパートも30年ほどの間何度かの協議の末、建て替えが決定する。

こうして平成27年夏、上野下アパートの跡地に、14階建てのマンション「ザ・パークハウス上野」が完成したが、大沼さんは移らなかった。

「作品づくりができなくなるので移らなかった。ムダもそうです。仮住まいを用意したり、引っ越したりと、ムダが多かった。上野下アパートに住んでいない権利者とも意見が合わなかったですし、よく知る人はほとんどが亡くなってしまいました。もう未練はありませんでしたね」

現在、マンションの1階には、上野下アパ

＊1：当初は賃貸だったが、戦後、多くは居住者に払い下げられた

ートに入っていた床屋が入居。背後には寿湯も残っている。だが、そこに当時の面影はほとんど感じられない。

「庭もなく空が狭くなり、セキュリティも厳しく、同潤会アパートのようなオープンな感じがないですね」（大沼さん）

設備や間取りは見劣りしても、同潤会アパートには、現代のマンションにはない「ゆとり」のようなものが随所にあった。震災や戦災からの復興、高度経済成長を見守ってきた歴史の証人でもあった同潤会アパートは、こうして姿を消してしまったのだ。

上／4階独身室の住居者が階段の踊り場に設置していた本棚　下／清洲橋通りから見た外観。1階部分に4店舗が入っていた

写真提供：P28、30、31／兼平雄樹、P29／大沼千尋

5 | 学校・研究機関

焼失した木造校舎を鉄筋コンクリートへ
新校舎で理想を実現した「復興小学校」

| 鉄筋コンクリート造3階建て117校

| 中学校等5校新築

鉄筋コンクリート造の小学校

関東大震災では、東京市内の小学校も多くが被災した。196あった市立小学校のうち、大震災で壊滅的な被害を受けたのは、117校にものぼった。

当初は青空授業やバラック校舎で凌いでいたが、大正13年3月に建設局学校建設課が設置され、倒壊した117校を一気にコンクリート化する計画がスタートする。

中心となったのは、耐震構造建築の第一人者である佐野利器（としかた）と弟子の古茂田甲午郎（こもだこうごろう）。復興事業によってすべての小学校が、耐震性・耐火性を考慮した鉄筋コンクリート校舎に変わり、当時多くの小学校で二部授業が行われていた状況を改善するため3階建てになった。昭和6年までに焼失したすべての小学校の工事が完了。このとき建設されたこれらの

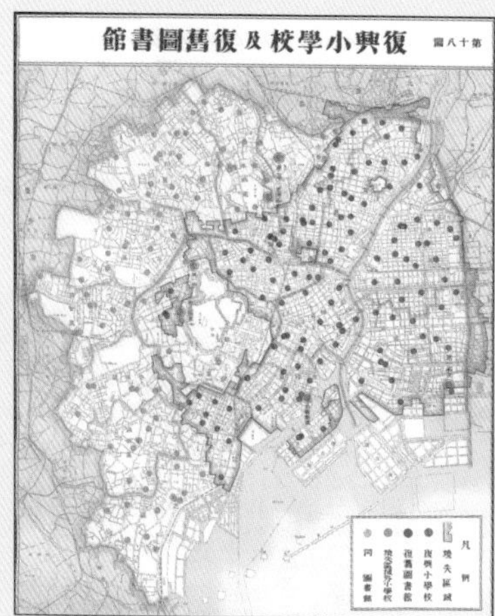

出典…『帝都復興事業図集』

復興小学校

左の図の赤い丸が復興小学校を表している。焼失区域内のほとんどの小学校が復興事業で建て直されたことがわかる。上の写真は、現役の復興小学校のひとつ、銀座にある泰明小学校（中央区）。

小学校は「復興小学校」と呼ばれている。

なお、大きな被害を受けた東京大学（当時は東京帝国大学）は移転構想が持ち上がるも断念。東京工業大（当時は東京工業高校）は大岡山、一橋大（当時は東京商科大）は小平、お茶の水女子大（当時は東京女子高等師範学校）は大塚へと移る。国立天文台は、麻布から三鷹に移設された。

東京大学

東京大学（当時は東京帝国大学）では、大震災により本郷キャンパスの建物全体の3分の1が使えなくなった。図書館の蔵書76万冊のうち焼失を免れたのはわずか1万冊程度。この震災が契機となり、大学内に地震研究所が設置されている。

桜蔭学園

東京・本郷にある中高一貫教育の女子校。関東大震災後の大正13年、女子教育機関の不足を整備するとともに、社会に恩返しするために、東京女子高等師範学校（現在のお茶の水女子大学）の同窓会「桜蔭会」が、震災で焼けた寄宿舎の跡地に設立した。震災直後は女性の自立支援のために、裁縫など手に職をつけるための授業を無料で提供したという。

国立天文台

国立天文台（当時は東京帝国大学附属東京天文台）は明治21年、東京・麻布に設置され、関東大震災の翌年の大正13年、三鷹に移転した。天文台は震災で壊滅的な被害を受けたが、フランス製のゴーチェ子午環（＊1）は奇跡的に無事だった。試験的に使用されていたものの、移転作業のため梱包されていたので、被害を免れたのだ。ゴーチェ子午環は三鷹への移転後、主要装置として本格的に稼働し、平成12年頃にその役目を終えた。写真の建物は、大正13年に建設された観測室。

＊1：子午環とは、子午線上の天体の位置（赤経と赤緯）を精密に観測するための望遠鏡

INTERVIEW

思い出を宿した 復興小学校を次の世代に

茂子さんの夢にも出てきた北東の階段。階段室や親柱の角が丸く、ぶつかって怪我をしないよう配慮された設計

撮影 清水 襄

安全だけではなく、子どもが学ぶ環境にも配慮されていた

「『私の夢に出てきた場所は、ここだったんだわ……』。当時88歳だった私の母は、76年ぶりに自分が通った小学校を訪れ、階段のところで足を止めてこう言いました。ずっと以前からときどき夢に出てくる階段が、母校の一番奥にある階段だったことを思い出したんです」

復興小学校の保存活動に取り組んできた建築家の大橋智子さん（66歳）は、城東小学校（中央区）を母・茂子さんと訪れたときのことをそう振り返る。

「母は、ずっと階段の手すりを愛おしそうにさすって思い出にふけっていました。そして、一人でどんどん歩いていって、自分に言い聞かせるように『ここが私の教室だったの、ここは図工室、良い先生だった』とつぶやきました。卒業から70年以上経っているのに、校舎と再会して、小学校の頃の記憶が突如、よみがえってきたんです。建物の力ってすごいですよね」

当時の最新の技術を凝らした小学校は、茂子さんの自慢だったという。大橋さんは、母がいつも「うちの小学校はとにかくすごい小学校だったのよ」と誇らしげに言っていたのを覚えている。昭和9年の茂子さんの卒業アルバムを見ると、外観はもちろん、体育館や講堂、教室など建物内部もよく写っている。その様子は、大橋さんが母と訪れたときとほとんど変わらない。

城東小学校の前身は、昭和4年に建てられた京橋昭和尋常小学校。関東大震災後の復興事業で建てられた、「復興小学校」のひとつだ。当時、学校には比較的裕福な商人の子どもが多かった。クラスは女組・男組・男女組に分かれていて、茂子さんは女組だった。

「2階の角に、理科室があります。母はあるとき、理科室の授業で先生の話を聞かずに窓の外をぼーっと眺めていたそうです。すると、遠くのほうにある高い建物から煙が上がり、その下に野次馬たちが群がっているのが見えた。それが、日本橋で昭和7年12月に起きた、百貨店・白木屋の火事でした」

復興小学校は外観のデザインはそれぞれ異なるものの、教育環境の平等を理念として、統一した規格で建てられた。

「鉄筋コンクリート造3階建てのコの字形(またはL字形、ロの字形)で耐震耐火。避難しやすいように廊下が広く、ぶつかって怪我をしないよう、階段の親柱など至るところの角が丸くしてありました。窓が高いところまであるのは、一番奥で勉強している子どものところにも光が届くように設計されていたからです。窓の下と、出入り口の上には通気口があり、換気も万全でした」(大橋さん)

ほかにも、天井の高さや階段のつくり、黒板の高さや窓の面積など、細かいところまで共通した基準が定められていた。建物を立派にしただけではない。教育の内容も新しくするということも盛り込まれていたという。標本室を設けたり、アクアリウムをつくって生き物を飼ったり、理科室にはドラフトチャンバーを設けるなど実学を重視していた。

どちらも茂子さんの卒業アルバム(昭和9年)から

上／城東小学校(旧京橋昭和尋常小学校)校舎全景。屋上にパーゴラが設けられ、屋上庭園になっていた。蒸気暖房が備えられていたので高い煙突が立っていたが、戦後安全性のため切断されていた　下／教室授業風景(女組)。教室の奥まで光が届き、手元が明るかった様子がわかる

復興小学校の未来

東京駅八重洲南口のすぐ近く、オフィス街のど真ん中にまるで時間が止まったかのように佇んでいた城東小学校だったが、周辺地域の大規模な再開発により取り壊しが決定。平成29年、惜しまれながら88年の歴史に幕を閉じた。校舎跡地には令和3年春に地上44階、高さ245メートルの高層ビルが完成し、城東小学校もこの中に入る予定だ。

城東小学校と同じ中央区にある銀座の泰明小学校と日本橋の常盤小学校は建物も保存される可能性が高いが、復興小学校の多くは、少子化による統廃合や建て替えなどにともなって姿を消してきた。現存する復興小学校は、一部保存やほかの施設に転用されたものも含めてわずか12校（令和２年11月現在）。関東大震災の罹災を免れながらも、耐震・耐火の観点から建て替えられた学校を「改築小学校」と呼ぶが、この改築小を含めても23校である。取り壊しが検討されている校舎もあるという。

解体される校舎がある一方で、廃校となった小学校を改修して再利用するケースもある。中央区の京華小学校は中央区立ハイテクセンターなどが入る複合施設「京華スクエア」として生まれ変わり、十思小学校の校舎を利用

左上／旧京華小学校の体育館奉安殿（天皇皇后の御真影を飾るところ）の装飾。転用されて現存　上／東浅草小学校（旧待乳山小学校）の階段手すり。テラゾー仕上げの手すりに鋳物で作った装飾がはめ込まれている　左／城東小学校（旧京橋昭和尋常小学校）の昇降口庇の持ち送りデザイン。現存せず

※復興小学校のデザインには、当時ヨーロッパでも流行していた「表現主義」の影響があったといわれているが、デザインモチーフには幾何学的なアール・デコの影響もここかしこに見受けられる。設計図書のタイトルもアール・デコ調のデザインがされていた

旧四谷第四小学校の校舎。現在は「四谷ひろば」、「東京おもちゃ美術館」、「CCAAアートプラザ」が入り、小学校本来の用途に近いかたちで再利用されている

撮影　清水襄

した「十思スクエア」は、福祉関係の複合施設になっている。台東区の小島小学校は、起業を目指すデザイナーやクリエイターの支援施設「台東デザイナーズビレッジ」として活用されている。

「城東小学校もそうでしたが、耐震性は現在の基準でも問題ないところがほとんど。重要文化財にもなりうる歴史的建造物として、保存を求める声も少なくありません。四谷第四小学校（新宿区）のように、子どもを中心としたコミュニティの場として活用する試みもあります」(大橋さん)

四谷第四小学校（昭和11年竣工）は、前述した改築小学校にあたる。同校は平成18年に廃校となったが、保護者や地域の熱意が区を動かし保存が決定。現在は地域に解放された「四谷ひろば」とNPOが運営する「東京おもちゃ美術館」、この小学校の元美術教員が運営する「CCAAアートプラザ」の3つの機能を持つ施設として、子どもや子育て中の親たちが集う場となっている。

「復興小学校には、私の母のように世代を超えた子どもたちが過ごした大切な思い出が宿っています。『なぜ古い建物を保存するの？新しい方がいいじゃない』と言われることもありますが、いいものはやっぱり残していかないと」

大橋さんは、母が証明した「建物の力」を信じて、保存活動を続けている。子どもを中心とした高い理想の元で建築された復興小学校の校舎から現代に生きる我々もまだまだ学ぶことが多く残されている。

6 | 公園

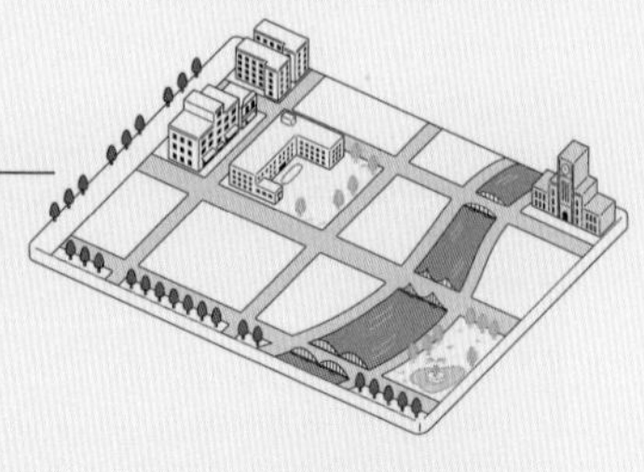

震災の教訓として生まれた憩いの場
防火帯の役目を果たす大小の公園

● | 大公園（隅田公園13ha、浜町公園3.6ha、錦糸公園5.6ha）

☀ | 小公園（52カ所）

一体化した小公園と復興小学校

火災の延焼が止まった場所をつないだ線を「焼け止まり線」という。

関東大震災での焼け止まり線を見ると、消化活動などの人為的な焼け止まりが3割に満たないのに対して、自然的な焼け止まりは約7割にも達していた。しかも、焼け止まりの要因の約4割は、広場や崖、樹木によるものだった。

これを教訓として整備されたのが、火災の延焼を防ぐ「防火帯」の役目を果たす公園である。関東大震災以前の東京には、約63万坪、30の公園があったが、明治以来の公園は日比谷公園の新設を除くと、上野公園や芝公園、浅草公園など旧来の寺社境内を転用したものだった。

復興事業では、国によって隅田、浜町、錦糸の3大公園が開設された。いずれも用地買収によって造成されたもので、隅田公園は水辺の公園、浜町公園は商業地の公園、錦糸公園は工業地の公園として位置付けられた。

注目すべきは、東京市が52の小公園を設けたことだ。その多くは復興小学校（P32）に隣接して配置され、両者が一体となって地域コミュニティーの中心となるように配慮された。学校の校庭との間に低い鉄柵を設けて、災害時に容易に避難できるようにしたほか、噴水などの水や火災に強い常緑広葉樹を配して、防災拠点としての機能を備えた。

小公園の多くは現存しているが、昭和初期以降に学校との間にフェンスやプールが置かれ、学校の建て替えなどもあって、その一体感は次第に失われていった。

現在では、公園そのものが整備・改修され、当時の姿を留めていないことが多いが、文京区の元町公園のように当時の設計思想を今に伝える公園も残っている。

なお、猿江恩賜公園や清澄庭園などの公園も、震災後に御料地・財閥の寄付によって誕生している。

出典：『建築の東京』（都市美協会）

上空から見た清澄庭園。昭和7年7月に開園

復興公園の配置図（『帝都復興事業図集』）

第十五圖 復興大小公園

隅田公園平面圖

南復興公園鳥瞰圖

市域外市立公園

凡例
復興大公園(國施行)
復興小公園(市施行)
既設公園
準公園

元町公園（文京区）

昭和５年、旧元町小学校に隣接する敷地に開園した、復興小公園のひとつ。昭和50年代に開園当時の姿に復元された。

隅田公園（台東区・墨田区）

隅田川を挟んだ両岸、本所側と浅草側に広がる復興大公園。日本の伝統的な風景と西欧近代の公園設計手法を取り込んだ画期的な公園だった。

7 | 衛生施設

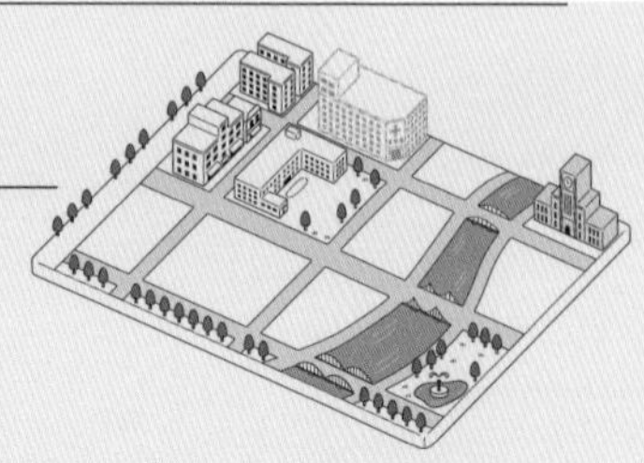

高嶺の花だった医療を庶民のものに

復興五大病院

復興市立病院5カ所ほか

震災復興を機に進んだ医療の普及

日本において、西洋医学を前提とした医師の資格制度が厳格化されたのは明治に入ってからである。だが、診療費が高く、医師の診療を受けられる人は限られていた。とくに貧困層が医療の恩恵にあずかるのは困難だった。

関東大震災では、医療救護の主体となる施設も壊滅的な打撃を受けた。震災時には駒込、大久保、本所、広尾の4カ所に東京市立の伝染病院があり、築地に細民向けの東京市立施療病院があったが、本所と築地の病院が焼失してしまう。

東京市は帝都復興事業の一環として、5つの病院（復興五大病院）を建設した。これらは中産階級以下の市民に対する医療施設として計画されたもので、大正中期から本格的に展開されていた東京市による社会事業政策の流れの中で建設されたものともいえる。3つは元の伝染病院の敷地に建設され、大久保・広尾は特別病室（伝染病室）を付設した普通病院として、駒込は普通病院と伝染病院を併設した病院として建設される。新設された大塚は東京市養育院の跡地、深川は新たに購入した敷地に建設され、大塚にも特別病室が付設された。こうして、震災復興を機に、明治以降悩まされ続けた伝染病対策を継続しつつ、市民に医療を普及させるという課題を急速に前進させたのである。

出典：『建築の東京』（都市美協会）

復興五大病院のひとつ、東京市立大塚病院（昭和４年に開設）。現在ある大塚病院の前身

復興事業では橋詰広場などに衛生施設として街頭便所が設置された。万世橋の地下部分にも、その痕跡がある

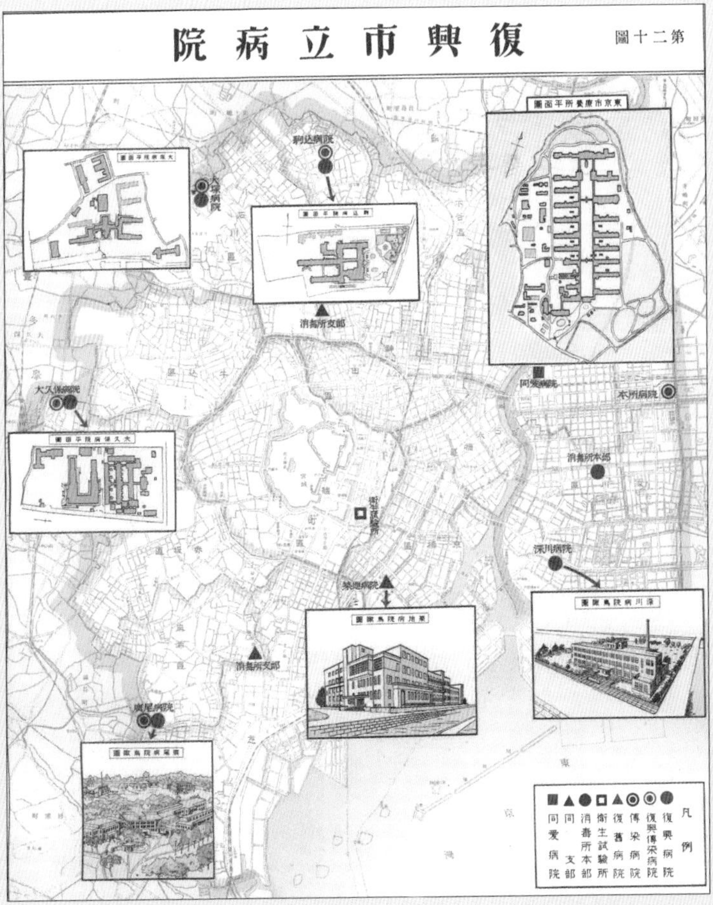

医療施設を示した地図（『帝都復興事業図集』）。復興事業で建設された復興五大病院は、市の周縁部に配置されていることがわかる

第二十圖　復興市立病院

凡例
- 復興病院
- 復興傳染病院
- 傳染病院
- 復舊病院
- 衛生試驗所
- 消毒所本部
- 同支部
- 同愛病院

MEMO

日本初、医療施設併設の老人養護施設

社会福祉法人「浴風会」（杉並区）は、震災により自活できなくなった高齢者を保護するため、義援金などをもとに大正14年に設立（翌年に本館竣工）。日本で初めて医療施設が併設された老人養護施設・浴風園を昭和元年に開園した。

8 | 社会事業施設

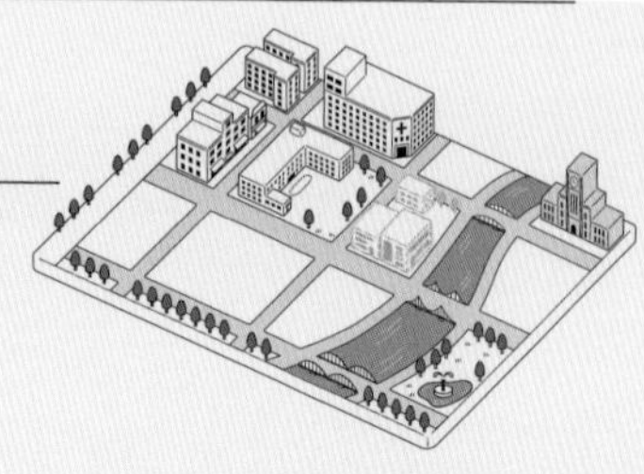

市民の食生活を支えた

安価で食を提供した「公共食堂」

職業安定所18、婦人授産場５、託児並びに児童保険相談所10、公衆食堂10、簡易宿泊所10、浴場10、市営質屋７

芝浦食堂は、船の荷揚げをする労働者や、工場の労働者などであふれていた

出典：『アサヒグラフ』（昭和９年11月28日号）

１食10銭ほどで定食が食べられた

関東大震災の復興事業では、速やかな生活の回復、社会の安定をはかるために、既存施設の復旧はもちろん、職業紹介所や婦人授産所、公衆食堂、簡易宿泊所、市営質屋、市営公衆浴場などの社会福祉施設の設置が精力的に進められた。こうした被災者の生活に目を向けた積極的な事業の展開が、帝都復興のバネとなったのである。

なかでも注目すべきは、被災した市民の食生活を支えた公衆食堂である。

公衆食堂は大正７年の米騒動後の物価高騰を機に、低所得者の生活改善のため東京市が大正９年に開設した市営の「神楽坂食堂」が嚆矢で、後に上野や日本橋、神田、本所など市内10カ所に開設された。

関東大震災で、公衆食堂は神楽坂食堂を除きすべて焼失してしまう。被災した市民のための食堂が求められため、まずは日暮里、寺島、大島の臨時宿泊所に簡易食堂を併設し、震災善後会の寄付金をもとに市内10カ所に

出典：左／『建築の東京』（都市美協会） 右上／『アサヒグラフ』（昭和9年11月28日号）

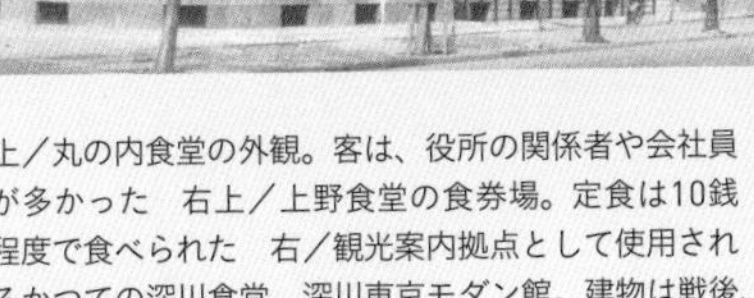

上／丸の内食堂の外観。客は、役所の関係者や会社員が多かった　右上／上野食堂の食券場。定食は10銭程度で食べられた　右／観光案内拠点として使用されるかつての深川食堂、深川東京モダン館。建物は戦後、職業安定所などとして使われた

仮設食堂が設置された。

区画整理などを理由に仮設食堂は次々と閉鎖され、大正15年には九段と両国、上野、神楽坂の4カ所が残されるのみになったが、内務省交付金により眞砂、猿江、大塚、丸の内の営業が始まる。これとは別に、帝都復興事業の5カ年計画によって、三味線堀、神田、柳島、九段、相生町（緑町）、上野、新宿茅場町、田町、深川、芝浦の10カ所の公衆食堂も設置された。

こうして東京市は、昭和初期までに直営・委託あわせて16カ所に公衆食堂を設置。食堂の献立は栄養を重視したもので、市民は10〜15銭程度という安価で定食を食べられた。利用者は1日1万数千人にものぼった。一番多かったのは学生で、工場で働く人や日雇い労働者、勤め人がそれに続く。

やがて民間の食堂が増え、公衆食堂は昭和20年頃までにすべて閉鎖されてしまったが、深川食堂は現在、江東区の観光案内拠点「深川東京モダン館」として建物だけ残っている。

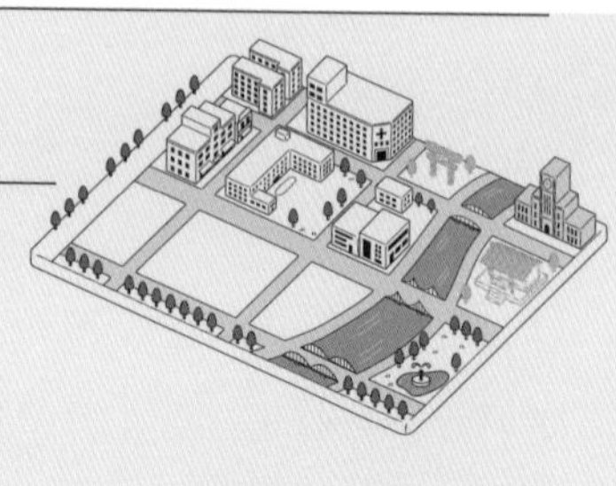

木造の伝統的な様式を模した

鉄筋コンクリート造の神社・寺院

東京大空襲後の浅草・東本願寺（中央下）。震災後に鉄筋コンクリート造で再建されたため、本堂は燃え残った。右下にはコンクリートの塀で囲まれた眞福寺墓地が見える

出典：WW2DB(United States Army Signal Corps via japanairraids.org)

転換を迫られた「神社は木造」の常識

関東大震災では、1568もの神社が罹災し、そのうち約130は焼失してしまった。千代田区にある神田神社（神田明神）も焼失した神社のひとつで、震災時には天明2（1782）年に徳川幕府が築いた木造社殿があった。

当時は寺院について「社会の変遷に伴った新しい様式でもよい」という論調がよくみられたが、神社は「木造」が常識だった。建築史家でもある建築家の伊東忠太も「神社は人間の住宅ではなく神霊の在ます宮居である」とし、鉄筋コンクリート造で社殿を築くと神社の生命が失われてしまうと考えていた。

だが、大震災で多くの神社が焼け失せた状況を目の当たりにして、「火事で簡単に焼け失せてしまっては困る」という意見が台頭。神田神社や築地本願寺（いずれも昭和9年完成）をはじめ、木造の伝統的な様式を鉄筋コンクリート造で模した神社・寺院が数多く建設されるようになった。

社寺の不燃耐震化への試み

築地本願寺

関東大震災では、地震による目立った被害はなかったが、火災によって本堂をはじめとする諸堂が灰燼に帰した。昭和９年に古代インド様式を基礎とした、耐震耐火の鉄筋コンクリート造の本堂が再建された。設計を手掛けたのは、伊東忠太である。

神田神社

大正15年、神田神社復興会が結成され、設計顧問に伊東忠太、設計監督に大江新太郎(明治神宮の造営や日光東照宮の修理を担当した、社寺建築の大家)と佐藤功一(日比谷公会堂や早稲田大学大隈講堂などの設計者として知られる建築家)を迎える。昭和９年に、不燃耐震化を実現した現社殿が完成。都市部の神社における先駆的事例となった。

出典：『帝都復興事業誌・土地区画整理編』

墓地の不燃化

大震災は、寺院建築に付随して墓地のあり方も変えた。震災前の東京市では、衛生面や美観の問題から墓地を郊外に移転させるという方針だったが、移転先の確保は難しく、大正14年の「東京市墓地改葬規則」で墳墓の改葬先は「市外または納骨堂たることを要す」となる。翌年にはこれらに加えて「特殊の納骨設備」でもよいと定められ、「特殊の納骨設備」は床盤面より６尺以上の外壁で囲むことなどが規定された。これにより、下町の土地区画整理実施地区では今も、コンクリート製の高い壁で囲まれ地盤面も舗装された密集した墓地が多く見られる。写真は特殊納骨設備西福寺特設墓地。

銀座・日本橋、浅草、
新宿、渋谷、田園調布……

帝都復興で生まれ変わった東京の街

江戸の町から近代都市・東京へ

関東大震災から６年半後の昭和５年３月、帝都復興事業完成を記念する「帝都復興祭」が１週間にわたって挙行された。大通りは、晴れやかな祝賀行列や飾り立てられた奉祝花電車を一目見ようとする人であふれかえり、当時の新聞によると200万もの人々が首都の門出を祝ったという。

未曾有の災害によって灰燼に帰した東京は、復興事業による市街地の大改造によって生まれ変わった。広い道路、立派な橋、頑丈な小学校、洗練された公園、西洋に倣った建築物が次々に誕生。それまで江戸の面影を残していた東京の近代化が、関東大震災をきっかけに一気に進む。銀座や日本橋、浅草などのかつての繁華街も、賑わいを取り戻していった。

住宅地の拡大も急速に進行した。日本では日清・日露戦争をきっかけに工業化が始まり、明治末（1910年）に270万人程度だった東京の人口は、10年後の大正９年には370万人程度に膨らんでいた。市街化が進んで山手にはサラリーマン用の一戸建ての建築が進み、下町には労働者向けの長屋や戸建て借家が増加。小学校は二部授業が当たり前になっていた。

東京はすでに大正中期から飽和状態にあり、都市機能は麻痺寸前だったといわれている。たとえ大震災がなくても、都市改造の必要に迫られていたのだ。

そこで、増加する人口や震災後の東京中心部からの人の移住に対応する受け皿として、郊外部を中心に積極的な住宅地の開発が行われた。

そのひとつが、鉄道会社による沿線分譲だった。例えば大正９年に設立された田園都市株式会社（現在の東急電鉄）は、洗足や田園調布など、郊外電車路線の計画と結びつけて多くの住宅地開発を行った。大泉学園や小平学園、国立学園などの学園都市開発を担ったのが、箱根土地株式会社（後の国土計画・西武鉄道）である。ほかにも、世田谷区の成城学園、板橋区の常盤台など、高級感のある郊外型住宅地は好評を博し、後の私鉄沿線の住宅地開発の先駆的な事例となった。

もうひとつは、地主たちが村ぐるみで進めた土地区画整理である。玉川村は世田谷区の用賀、等々力、尾山台一帯、井荻町は杉並区の善福寺、井草、西荻一帯で事業を行い、良好な住宅地の貴重な先例となった。現在、23区内にある高級住宅地の多くは、この時期の計画的宅地開発によってできたものである。

大東京市の誕生

郊外の宅地化が進むにつれて、著しく発展したのが、私鉄と連絡するターミナル駅だ。新宿や池袋、渋谷などの山手線の主要な駅の周辺は、百貨店や娯楽施設などを備えた繁華街として大きく変貌する。震災復興以前に東京の繁華街の代表格だった神楽坂や人形町などが凋落の道を辿り、新宿をはじめとする新興の繁華街が、郊外に路線を伸ばした私鉄の乗客数の増加を背景に、発展を遂げたのだ。

こうして、都心・下町の焼失地からの移住者や地方から東京への新規転入者は、東京の郊外に家や土地を求めた。東京市の人口は減少するなか郊外部の人口は震災後10年で３倍に増加。昭和７年10月には隣接する５郡82町村が東京市に合併され、20区から35区に。市の面積は一気に６倍になり、いわゆる「大東京市」が誕生する。昭和11年10月には千歳・砧の２村が合併され、今日の23区とほぼ同じ範囲の東京市となる。

1

百貨店や地下鉄開通で賑わいを取り戻す

銀座・日本橋

出典：いずれも『大東京寫眞帖』

上／銀座を代表する百貨店、松屋と松坂屋　左下／焼け野原から復興した日本橋周辺　右下／日本初の地下鉄が開業

銀座や日本橋は震災で大きな被害を受けたが、震災後はいち早く復興し、耐火建築が建ち並ぶ。銀座では百貨店や劇場、カフェなどが人を呼び、賑わいを取り戻す。地下鉄の開業も興隆を後押しした。上野～浅草間に開通した日本初の地下鉄（現在の銀座線）は昭和9年までに新橋まで延伸。日本橋の三越は地下鉄駅（三越前駅）を呼び込んで地下売場と連結させた。

2

かつてほどの盛り場ではなくなったが……

浅草

出典：いずれも『大東京寫眞帖』

上／浅草六区の人の波　下／参拝客で賑わう浅草寺境内

浅草寺の仁王門や仲見世も大震災で焼け、浅草のランドマークだった凌雲閣（通称「十二階」）も震災により倒壊してしまった。一方、浅草寺境内の観音堂や五重塔は焼け残った。

演劇・興行街だった六区はいち早く復興し、西洋で流行した最新の芸能・風俗が流れ込んだ。

3

日本一のターミナルが誕生

新宿

出典：『大東京寫眞帖』

出典：『省線新宿駅を中心とする交通調査報告書』

上／新宿駅の利用者増加にともない、 駅前の市街地化が進んだ
下／昭和９年の新宿駅前

関東大震災後、新宿駅の新築落成と山手線の環状線化、それに続く私鉄沿線（小田急線・京王線・西武線）の開発で、新宿駅周辺は一気にモダン都市へと生まれ変わる。四谷・神楽坂に代わる新宿繁華街の中心となった。

4

私鉄直通ターミナルデパートの誕生

渋谷

上／実業家・五島慶太が大阪梅田の阪急百貨店をモデルにオープンした渋谷駅連結の東横百貨店
下／東横百貨店7階にあった食堂

出典：いずれも『東横百貨店』（百貨店日日新聞社）

関東大震災で被災した銀座などの有名店が道玄坂に次々と移転し百軒店となるなど繁華街としての発展が始まる。

昭和9年には、東横百貨店（後の東急百貨店東横店東館。令和2年3月末に営業終了）が建てられ、関東初の私鉄直営ターミナルデパートとして大いに賑わった。

5

鉄道会社が作った高級住宅地

田園調布

実業家・渋沢栄一らは大正7年、イギリスのハワードの「田園都市論」をベースとして日本型田園都市の建設を目指し、田園都市株式会社を設立。現在、高級住宅地として知られる田園調布は、多摩川台住宅地として大正12年から分譲が始まった。田園都市株式会社は、現在の東急、東急不動産の母体となった企業である。

出典：『東京市域拡張史』

出典：『東京都市計画概要』

上／昭和9年頃の空撮写真　下／田園調布付近の居住地

地主たちによる区画整理

旧井荻町（杉並区北西部）

出典：『東京都市計画概要』

郊外部では、地主らが主導して区画整理が行ったところもある。杉並区内には整然とした住宅街がいくつかあるが、旧井荻町（現在の杉並区北西部）もそのひとつ。震災前から西荻窪駅の誘致と将来の住宅地開発を目的に始まり、昭和10年に約888haにおよぶ区画整理が完成した。

区画整理された旧井荻町の住宅地

INTERVIEW

インタビュー
建物と暮らし

「近代東京(モダン)」を
形づくった「復興建築」。
そこに生きた人々は、
どのような思いで
都市の変化を見てきたのか。
６軒の建物と、
そこに関わる人々に話を聞いた。

震災後の日本橋

INTERVIEW 01

もう一度来たい江戸趣味小玩具店

助六

DATA

創業	慶応2（1866）年
竣工	大正14（1925）年
設計	東京市建築局営繕課
構造	鉄筋コンクリート造2階建てコンクリート打ちの屋根に銅板瓦葺き

日本最古の商店街のひとつ「浅草仲見世商店街」に店を構える助六。間口一間の店に職人のつくる小玩具が3,000点以上並ぶ

ILLUSTRATION 図解

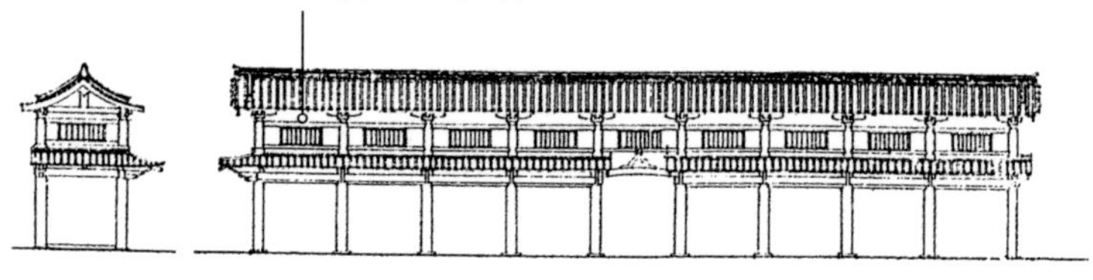

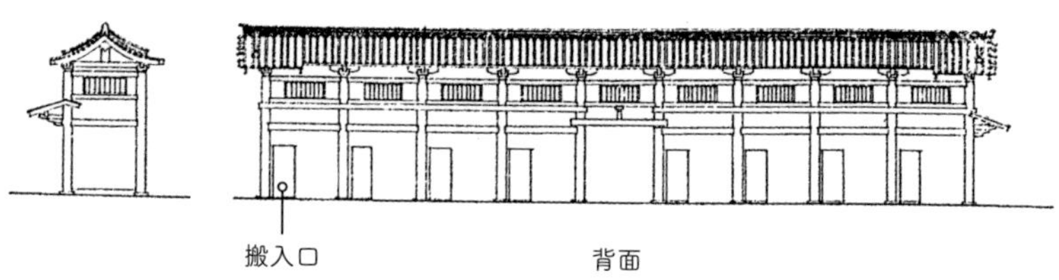

＊竣工当時の設計図

「浅草仲見世工事概要」参照。『建築雑誌』1926年1月号(日本建築学会)

HISTORY 歴史

慶応2(1866)年
創業

明治18(1885)年
煉瓦造りの仲見世が誕生

大正12(1923)年
関東大震災により店舗が倒壊。煉瓦造から現在の店舗に

昭和20(1945)年
東京大空襲により店内が焼失するが、建物の全壊は免れる

昭和5(1977)年
木村吉隆さん５代目に就任

STRUCTURE　構成

全景

長さ250mの参道の両脇には13棟の桃山風朱塗りの店舗が並ぶ。全部で138区画、90店舗が入居。１区画は２坪しかなく、１区画の店舗には所狭しと商品が並ぶ。

石垣塀

破風の拝み(＊１)部分には銅板の鬼面足付の鬼瓦がある。しかめっ面をしているが、威嚇するでもなく、訪れる人を静かに見守っているようにも見える。

店舗の背面

表通りからはわかりにくいが裏側に回ると建物全体が朱色で統一されている。勝手口とは別に各店舗に付けられているシャッターは荷物の搬入口。軒先は手が届きそうなほど低い。

店内の梁

仲見世は東京大空襲に遭い内部は焼け落ちてしまったが、鉄筋コンクリートの躯体と壁は残ったため、これらを活かし改修した上で現在に至るまで使われ続けている。天井には太く頑丈な梁を見ることができる。

MEMO

浅草12階（浅草凌雲閣）とは？

日本初の電動式エレベーターを備えた展望塔。明治23年に建てられ浅草のシンボルでもあったが震災で真っ二つに半壊し解体された。

＊１：左右から反り上がった破風板がぶつかる場所

玩具には子どもの成長祈願、厄除け、五穀豊穣、商売繁盛など古くから伝わる意味と願いが込められている

メイド・イン・助六

「この玩具(おもちゃ)を売っているのは日本でここだけ。きっとどれも見たことないはずですよ」

初めて「助六」を訪れたとき、ガラス棚の中を埋め尽くす小さな玩具を眺めていると、店の奥からそう声をかけられた。「はい、初めて見ました」と答えると、その人はにっこりと笑った。

浅草・仲見世の一角に店を構える「助六」は、江戸時代から150年以上続く日本唯一の「江戸趣味小玩具」専門店である。江戸趣味小玩具とは、江戸時代から浅草に伝わる精巧な細工が施された豆玩具のこと。8代将軍徳川吉宗が出した贅沢禁止令により当時裕福な町人が遊んでいた大型で豪華な玩具はご法度となり、できるだけ小さな玩具が作られるようになった。

「江戸の玩具はシンプル・イズ・ベスト。特徴は小さく、単純で、意味があることだね」と、5代目店主の木村吉隆さんが話してくれた。

「『瓢箪から駒』って知ってるでしょう？　だからこれはこの瓢箪の中に独楽(こま)が入って……ん、なかなか開かねえな。それだけよくできているんだよ」

そう言って木村さんが小さな瓢箪の栓を抜くと中からさらに小さな独楽がいくつも出てきた。指先でつまんで回し、よく目を凝らすとちゃんと一点軸で回っているのがわかる。小さくとも軽快に回るこの独楽には「こまめに健康に」という意味が込められているそうだ。

「職人が木を削って作ってるんだよ。江戸ってのは隠れたところに手間をかけるんだ」

仲見世の誕生も江戸時代までさかのぼる。江

text : MEGUMI KOMIYA

左／５代目店主の木村吉隆さん。ゴマ粒くらいの小さな独楽も　右／江戸時代・安政年間に大人気を博した名物玩具「とんだりはねたり」。シンプルなつくりなので壊れたら直せるのも江戸玩具の特徴

戸幕府が開かれ人口が増えるにつれて浅草寺への参拝客も増加し、浅草寺界隈は賑わいを見せた。そのため元禄から享保の時代の頃、近隣住民に清掃任務を課す代わりに境内や参道沿いに露店を出す許可を与えられたのが仲見世の始まりである。しかし、明治維新の政変で神仏分離令（＊1）が発布される。仲見世を含む浅草寺の土地は政府に没収、公園地に指定されたことから、明治18年に仲見世も煉瓦造りの洋風な建物に一新。

　関東大震災が仲見世を襲ったのはそれから40年余りが経った頃だった。

　大正15年1月に発行された浅草のタウン誌『月刊浅草』には、当時の記録が残されていた。

「（前略）いよいよ四日の朝、残焼煉瓦建物と傳法院の間の穴地に勢揃ひして、直ちに焼け跡に仮建築して営業に取り掛かる旨を申合せ（中略）東京市役所に赴くと、永田東京市長は折柄市役所の広庭の中央に机を持ち出し執務していたので改築許可を乞ふと、市長はこの際であるからいちいち司令することもできないから黙認ということで着手するが宜しい、願書は預かり置くといふことで直ちに仮建築に着手することになつた（後略）」

関東大震災前の煉瓦造時代の仲見世

　無残にも焼け落ちた仲見世は震災から約2カ月後には仮店舗で営業を再開し、2年後には鉄筋コンクリート造に建て替えられ、華々しく商店街を再開したのだった。

「昔、親父が言ってたのは『ここは横のデパートだ』と。同じ職業はなるべく入れないから、店に特徴があったんですよ。だから浅草って楽しかった。これは想像だけど、子どもたちを観音様（浅草寺）に連れて行こうってのは、玩具を買ってやる機会でもあったわけだ」

　昔はいくつか玩具屋もあったんだ、作るのも管理も大変だから戦後は皆辞めちゃった、と木村さんは言った。

＊1：明治政府が「神道と仏教」「神社と寺院」を明確に区別させ、神道の国教化政策を行うため明治元（1868）年に公布した命令

毎朝午前中が店番担当の木村さん。この取材中の間だけでも色んな方が入れ替わり立ち替わり、木村さんに会いに店を訪れていた

木村さんは両親と兄弟3人の末っ子で、生まれも育ちも浅草。震災から22年後の東京大空襲を仲見世で体験し、店から五重塔が倒れるのを見たという。小学校3年生のときだった。

「B29が近くに見えて鉄砲がダダダダッと打たれてね。僕らはパイロットが見えないけど、向こうは見えていたと思う。今のようにピンポイントに爆弾を落とすのが難しいから低空飛行だったわけよ」

「うちは田舎がなかったから疎開もしていなくて。焼け出されて、弁天山に行ったり、最後に蔵前に行ったんだ。そして3月9日、家族5人、ここでぼーっとしてたら、近くのお店の人がご主人困ってるだろうからと、信州から迎えに来てくれて僕半年間信州にいたんです。信州っていいとこですなぁ。あんな楽しい思いしたことなかった」

終戦後、母親の願いですぐに浅草に帰ってくると、鉄筋コンクリートの骨格だけ残った仲見世に家族5人で住んだ。もちろん商品も全て焼き尽くされている。飯ごうを炊き、店の裏で薪をくべた。

戦後、仲見世は闇市だった。何を置いても売れた世情に4代目の父・卯三郎さんは変わらず玩具を売り続けたという。

「不器用だったんだ、親父は。だから戦後7年間は売れなかったの。でも今考えるとね、それがあったから職人が残ったんだ。もし、あの時うちが七輪を売ってたら職人も辞めちゃったと思う。親父には先見の明があったかもしれないね。今考えると、だよ」

商社でサラリーマンをしていた木村さんが5代目を継いだのは42歳の頃だった。家業とはいえ、これまでと全く違った業種に戸惑いはなかったのだろうか。

「祖父も親父も、まぁ僕もだけど、せがれに継がせようって気はなかったんだ。大変なのよ、この商売は。でも継がないとね、この商売日本からなくなっちゃうんですよ。だからやりたかったの。玩具好きだし」

戦後、流通が盛んになると卯三郎さんは全国の百貨店等の卸しを取りやめ、この仲見世だけの販売に切り替えた。しかしだんだんと店の営業時間が短くなっていくのを見て、150人の部下がいた商社を辞め、これまでの3分の1の給料で助六に雇ってもらうことに。ここを失いたくなかった。

「そのときは損したかなと思ったの。ところがね、70歳くらいの頃、やっぱりよかったと思った。今83歳だけど、まだ来るところがあるわけよ。好きなことを仕事にできるってのは幸せだね」

昔から浅草には守護神としてかっぱと狸が深く根付いており、助六の玩具のモチーフにも多く使われる。しかし、戦後進駐軍から新たな文化が取り入れられ「フクロウ、カエル、豚」のモチーフがよく売れるようになった。新しいものを取り入れるなら何か助六らしい工夫ができないかと、吉隆さんが偶然博物館で見た江戸の錦絵をモチーフに、魔除けを意味する赤フクロウの玩具を生み出した。江戸時代、医療が十分に発達しておらず、病気や怪我で早くに亡くなってしまう子どもが多かったため、親が子どもに与える玩具は「お守り」でもあったのだ。

「全国どこに行っても同じものが買えるようになったでしょう。新しいものもやるけど、うちでしかできないものを作りたい。もう一回来たいと思える店にしたいんだよ」

取材中に2名の客がやって来て、ガラス棚をのぞいていた。

「この玩具を売っているのは日本でここだけ。だからあなたがた、どれも見たことないはず」と、木村さんが声をかけ、少し話をしている。客はそのときは何も買わずに店を後にした。

取材を再開しようとすると、木村さんはこちらに向き直り、声を潜めて笑った。

「これを堂々と言える店が、俺は誇りなの。生意気な店なんだよ」

だから70近くなってから楽しい人生。人生に悔いなし、と。

1.木村さんが一番好きな紙製玩具「ずぼんぼ」。上から落下させると足についた重りによって必ず立つようになる。これも安政年間に発案され、当時は隅田川で採れたしじみ貝がついていた　2.「犬に竹かんむり＝笑」の字に似ることから子どもが笑顔で元気で育つように願いが込められた「笊(ざる)かぶり犬」　3.2階に上がるハシゴ。戦後しばらくはこの2階で家族5人で生活していた

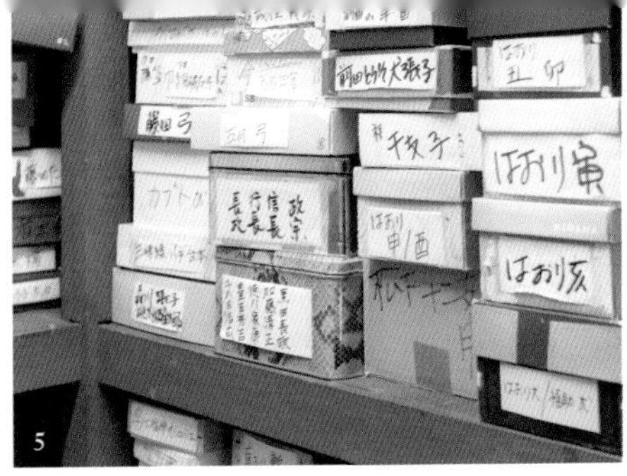

4.木村さんが趣味で集めていたコンプラドール瓶。長崎商人が東インド会社を通じて輸出を行っていた際に醤油容器といて使われていた　5.現在２階は収納スペースに　6.土や木、紙、布など素材によって職人さんは異なる。「全国にいる職人さんを見つけるのが自分の役目」と木村さん　7.右隣の人形焼屋は木村さんの母の店だった。仲見世の中では観音様に一番近く、辰巳の方角という縁起のいい場所だそう

INFORMATION

江戸趣味小玩具 助六
〒111-0032　東京都台東区浅草２-３-１(仲見世商店街E52)　☎03-3844-0577
営業時間10：00〜18：00(年中無休)

COLUMN

1

生き残った建築たち

関東大震災・東京大空襲を乗り越えて

神谷バー

大正10（1921）年／清水組

明治13年、実業家・神谷傳兵衛が「みかはや銘酒店」として創業。その後明治45年に「神谷バー」と名前を変え、日本初のバーに。大正10年に煉瓦造りの建物から現在の店舗ビルに建て替え、関東大震災の際も焼失・倒壊することなく生き延びた。東京大空襲では店内を焼失するも倒壊は免れたようだ。今日も浅草最古の鉄筋コンクリート造建築として、人々の往来を見守っている。

INFORMATION

—

神谷バー
東京都台東区浅草 1 - 1 - 1
営業時間 11：30〜21：00
（ラストオーダー20：30）
定休日 火曜定休

関東大震災を契機に、東京では多くの鉄筋コンクリート建築が生まれた。しかし、震災以前からその工法をいち早く取り入れ、震災や空襲を生き延びてきた建築がある。改修を重ねながらもその姿であり続ける2つの建物をぜひ、間近で見てほしい。

文房堂

大正11（1922）年／手塚亀太郎

明治20年に創業された洋画の画材店。関東大震災前年に鉄筋コンクリート造の現店舗ビルを竣工。震災時、建物の一部が焼失するも、焼け野原となった神保町界隈で倒壊を免れた数少ない建築だった。現在のビル正面のファサードは震災時に残った部分が保存され、取り付けられたもの。また、神保町は東京大空襲を免れたため被害もなく、今日に震災以前の姿を残す貴重な建築だ。

INFORMATION

—

文房堂 神田本店
東京都千代田区神田神保町
1-21-1
営業時間 10：00〜18：30
定休日 年中無休(年末年始除く)

INTERVIEW 02

東洋趣味を基調とした百貨店

日本橋髙島屋S.C.本館

DATA

創業	天保２(1831)年(京都・烏丸)
竣工	昭和８(1933)年
設計	高橋貞太郎 (昭和８年竣工時の部分) 村野藤吾 (昭和27年〜昭和40年増築部分)
構造	鉄筋コンクリート造　一部地下３階、地上８階、塔屋４階

いわゆる「百尺規制」に合わせ統一されている建物。この角度から見ると、増築の様子を１度に見渡すことができる

ILLUSTRATION　図解

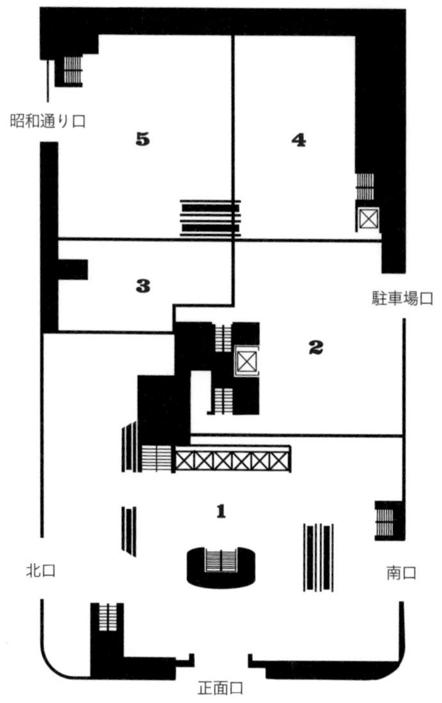

本館 増築の軌跡

1 最初の本館
〈昭和８（1933）年〉開店
高橋貞太郎設計

2 増築・新館
〈昭和27（1952）年〉完成
村野藤吾設計
＊地階のみ昭和14（1939）年完成

3 増築・新々館
〈昭和29（1954）年〉完成
村野藤吾設計
＊地階のみ昭和14（1939）年完成

4 増築・東館第１期
〈昭和38（1963）年〉完成
村野藤吾設計

5 増築・東館第２期
〈昭和40（1965）年〉完成
村野藤吾設計
→１区画全部が店舗に。昭和42年には地下鉄東西線日本橋駅が開業

HISTORY　歴史

昭和8（1933）年
日本生命館　竣工

昭和27~40（1952~1965）年
第１次～４次増築

平成16（2004）年
耐震改修促進法に基づき、工事完了

平成18（2006）年
東京都選定歴史的建造物に指定

平成21（2009）年
登録名称「髙島屋東京店」として重要文化財に指定

STRUCTURE ｜ 構成

垂木を模した装飾

建物下から上部を見上げると軒下の部分に化粧垂木(＊1)のような装飾が見えるが、鉄筋コンクリート造建築なので本来ならば必要ない。コンペの要綱にある「東洋趣味ヲ基調」とするために装飾として用いられた。

外観南面の塑像

昭和27年の第１次増築時に設置された塑像。白蛇のようにも見えるこの作品は屋外彫刻のパイオニアでもある笠置季男のもの。村野藤吾の設計した建築では壁面に彫刻を置く例がいくつか見られる。

吹抜けホールのシャンデリア

戦時中の金属類回収令により当初のものは失われたため、戦後村野藤吾がデザインしたものが取り付けられた。シャンデリアは和風デザインであるが、創建当時の格天井の和デザインと調和し一体感をもたせている。

機械室塔の曲面

屋上の北側にある曲線屋根を持つ塔屋は昭和29年の第２次増築時につくられた。この不思議な形は昭和25〜29年のあいだ屋上で飼育された子象の「高子」をモチーフに村野がデザインしたと伝えられる。

MEMO

象のいる百貨店

「何か人々を楽しませる案はないか」。議論の末、昭和25年日本橋髙島屋の屋上に子象が登場。縁あってタイ王国から譲り受けた象は、髙子と名付けられ「たかちゃん」の愛称で一躍子どもたちの人気者に。4年後に上野動物園に引き取られる際は、ゆっくりと店内の階段を降りていった。

＊1：軒下や室内から見える小屋組の構造のこと

イタリアから取り寄せたゴールデンイエローの大理石の柱が並ぶ1〜2階の吹き抜け。装飾を間近に見ることができる

お客様に喜んでもらえる百貨店づくり

「東京で暑いところ、髙島屋を出たところ」

昭和8年、「髙島屋 東京店」オープンの夏のキャッチコピーだ。

日本の百貨店では初めての「全館冷暖房完備」。鉄筋コンクリート造地上8階、地下2階建て。重厚な西洋の様式に和風建築の意匠がちりばめられた、高橋貞太郎の設計。

昭和5年に行われたコンペではモダニズム建築に対抗するかのように東洋の要素が求められた。「東洋趣味ヲ基調トスル」という指定が出され、集められた390案の中から高橋のデザインが選ばれた。

当時の名称は「日本生命館」。日本生命が建設をし、昭和38年の日比谷ビル竣工まで東京の本部機構が置かれていた。

1階ホールは、ゴールデンイエローのイタリア産大理石「ネンブロロザート」の柱が並ぶ2階天井までの豪華な吹き抜け。天井からは3基の大型のシャンデリア。一見すると西洋様式のようなデザインだが、よく見ると日本建築の要素が随所に用いられている。

「当時、5階には貴賓室があって東と南の2面に窓がありましたが、今は増築で南面だけになっています」と話すのは、ESG推進担当部長の髙橋宗久さん。

「初期の建物は8階建てのうち一部は5階までしかなく、少しいびつな形をしていました」と庶務担当課長の鈴木淳子さんが続ける。

そののち日本橋髙島屋は、昭和8年の竣工か

text : JUNKO MORISAWA

外観南側奥のタイル。窓が単調にならないように、上下に３つ並んだ窓のタイルのみが少し大きい

ら約30年間にわたり、丁寧に煉瓦を積むように増築を重ねていく。昭和27年の戦後復興期から東海道新幹線の開通や東京オリンピックが開催された翌年の昭和40年には、１区画全体が店舗となるまで大きくなった。

高橋の意匠を継承しつつ、近代建築の手法を巧みに取り入れた村野藤吾による増築。限られたコストの中でどうしたら「自然で、新しく、いきいきとした形」にしていけるのか、設計図のいたるところに村野の思案のあとが筆跡で残されている。

増築は見事な調和をみせた。

中央通りに面した竣工時の正面玄関は和風でクラシカル。そこから自然な曲線でつながれた南側の増築部分はモダンなガラスブロックの壁面に。単調になりがちなガラスブロックは一部に彫刻のようなものを設置。よく見ないと気が付かないようなエレガントな装飾が建物のあちこちにちりばめられている。

その「モダンとクラッシックを融合した増築の美」が評価され、平成21年日本橋髙島屋は百貨店建築として初の重要文化財に指定された。現存する百貨店建築の中で最大規模を誇り、内外装とも当初の姿を良好に保っている。

左／ESG推進担当部長の髙橋宗久さん(左)とコンシェルジュの岸和彦さん(右)
右／最初の本館と第１次増築時のガラスブロックの境目は、曲線を用いて自然なつながりに

地下１階から地上１階へ上がる中央階段。奥に見える２階の手摺りは真鍮に見えるが木製だ

日本橋髙島屋には昭和初期としては目新しいものが多かった。ジャバラ式のエレベーター、緑化した屋上庭園、地下には今でいう100円ショップ「十銭ストア」もあったそうだ。

「建物は豪華な造りでしたが、いろいろな方に百貨店を訪れてもらいたいという思いがあったのです」と髙橋さん。

この日お話をしてくれたのは、髙島屋の歴史を知る４名の担当者。会話が途切れることなく次々と飛び出してきた。

昔はすべて手動だったエレベーター。機械は最新式になり、各階の停止は自動になった。

「今でもジャバラの開閉は手動で行っています。現役のものは数少ないので、大切に残していきたいです」と髙島屋史料館TOKYO学芸員の海老名熱実さん。

屋上緑化のはしりだったという庭園は「百貨店に和風の三角屋根をつけてしまうと屋上がつくれません。あえて平らな陸屋根にしたのは、百貨店ならではの屋上活用を計画していたのでは」とのこと。

壊して建て直す方が簡単な気もするが、なぜ増築を選んだのか、と尋ねると「もともと日本生命保険相互会社が建設し所有していたことが理由のひとつです。そして古いものを残していこうというまちづくりの動きもありました」

最初から建て増しすることを見越して、立体的に構想しているメモが建築図面の中に残っていると海老名さんはいう。

これだけ長い歴史をもつ髙島屋。いつの時代も「復興」の繰り返しだった。

髙島屋の始まりは天保２年の京都・烏丸。初代飯田新七は妻と２人、「髙島屋（＊1）」を屋号とした古着木綿商を開業した。

創業から33年後の元治元年、「蛤御門の変（＊

＊1：初代飯田新七は婿養子で、本家の営む米穀商「髙島屋」から分家独立し、同じ屋号を名乗った。義父・飯田儀兵衛の出身地である近江国高島郡(滋賀県高島市)がその由来

屋上エレベータホールの窓。窓ガラスの枠は昭和8年竣工当時のもの

2)」による大火が起こる。一面火の海と化した京都で初代と2代は、商品を保管した蔵に夜通し水をかけて守り、翌月には蔵の前で店を開いたのだった。

「普通、焼け残ったものは高く売りますが、定価よりお安くお分けしていたようです」

良いものだけを安く売ることを心がけた髙島屋はお金には換えられない信用を得ることとなり、大きく飛躍するきっかけとなった。

明治23年に東京への進出をはかったのちも、その精神は活かされてきた。

大正12年に関東大震災が起こると、南伝馬町店が全焼。当時の宣伝部長だった川勝堅一さんは、迅速な対応で大阪・京都の店から救援物資を調達。鉄道や道路が寸断しているなか品川まで船便で送り、焼け残った劇場や映画館で販売をした。

昭和20年、東京大空襲のときには「入口にある重厚な鉄扉を閉め、逃げてこられたお客様や近所の方の協力もあって火の手から建物を守った」とコンシェルジュの岸和彦さんは話してくれた。

そして平成23年の東日本大震災。日本橋髙島屋は「困っているお客様に何かできないか」と店を開放。お客様へ椅子を用意し、毛布や食料を配った。

「震災前に耐震工事を完了していたのでお客様を守ることができた。外壁タイルも昭和8年竣工時にしっかりと施工されていたので1/10も替えませんでした」と鈴木さん。

増築を重ね、時代ごとに新たな表情を見せながらも、今も昭和8年の姿を大切にする日本橋髙島屋。創業当時から変わらない「お客様の喜ぶことがしたい」の精神も、脈々と受け継がれている。

＊2：元治元(1864)年、京都から追放された尊王攘夷派の長州藩が会津藩、薩摩藩などの幕府軍と軍事衝突した事件。落ち延びる長州勢が長州屋敷に火を放って洛中洛外が一面火の海と化した

1.8階テラコッタ、3～7階タイル、1～2階福島県産花崗岩は、1：4：2で美しく見える比率を採用　**2**.旧元貴賓室の天井。漆喰に鳳凰や蓮の花、アカンサスなどが描かれている　**3**.髙島屋史料館TOKYOの展示室と連動したイベントを行う旧「貴賓室」。元は要人を迎える貴賓室で、天井や壁、床は創建当時のまま

3

4.アメリカ・オーチス社製のエレベーター。壁には、木目を思わせる大理石がふんだんに用いられている　5.特徴的な装飾が数多くみられるエントランス。奥は蓮の花をモチーフにした装飾が施された水飲み場跡　6.○に「髙」と書いたロゴは創業の頃からのれんに書かれていたもの　7.屋上にある七角形の珍しい七福殿。昭和8年の創建時に髙島屋発祥の地である京都のさまざまな寺社からお迎えしたもの

INFORMATION

日本橋髙島屋S.C.本館
〒114-0005 東京都中央区日本橋2-4-1　営業時間 10：30〜19：30 【地下2階レストラン】11：00〜21：30【8階特別食堂・レストラン街】11：00〜22：00 【本館ガレリア】10：30〜20：00

COLUMN

2

細部に恋して

建築意匠を見比べる

【コーニス(*1)】

1・2　カトリック神田教会
3　丸石ビルディング
4　旧博物館動物園駅
5　銀座奥野ビル
6　和光(時計台)
7　タイガービルヂング

1	3	
2		
4		5
		6
		7

＊1：建物の軒や壁面にまわした突出した水平材。蛇腹

建物それぞれに個性が光る。
細部までこだわり抜かれた意匠を並べて、比べて、堪能しよう。

【生き物】

1・2・3　丸石ビルディング
4　日本橋髙島屋S.C.本館
5　東京都慰霊堂
6　東京都復興記念館

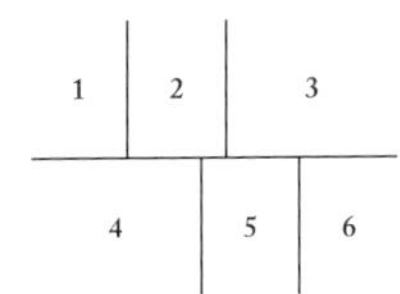

【柱】

1　ヨネイビル
2　東京都復興記念館
3　HARIO株式会社 本社

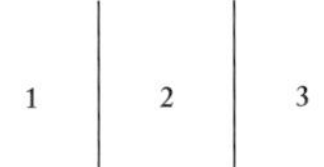

COLUMN
2

【窓】

1 東京電力パワーグリッド 蔵前変電所
2 旧神保町ビル別館
3 黒沢ビル
4 菅原電気株式会社 本社ビル
5 東京中央郵便局
6 タイガービルヂング
7 近三ビルヂング
8 鈴木ビル

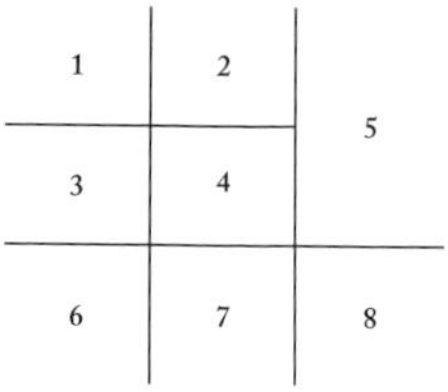

1	2	5
3	4	
6	7	8

【壁面装飾】

1 教文館・聖書館
2 旧博物館動物園駅
3 国立科学博物館

1	2	3

【格子】

1 交詢ビルディング
2 和光(時計台)
3 東京都復興記念館
4 東京厚生信用組合 浅草支店
5 日本橋高島屋S.C.本館

1	2	3
4		5

【照明】

1 明治屋京橋ビル
2 日本橋高島屋S.C.本館
3 旧博物館動物園駅
4 一誠堂書店
5 学士会館
6 国立科学博物館
7 ヨネイビル

1	2	3	7
4	5	6	

INTERVIEW 03

時を受け渡す古書店

一誠堂書店

DATA

創業	明治36(1903)年
竣工	昭和６(1931)年(現店舗ビル)
設計	東京都市建築研究所 施行：大林組
構造	鉄筋コンクリート造 地下１階、地上４階

緑の装飾が目を引く建物。昔はビル頂部の掲揚塔に旗がなびいていた

ILLUSTRATION | 図解

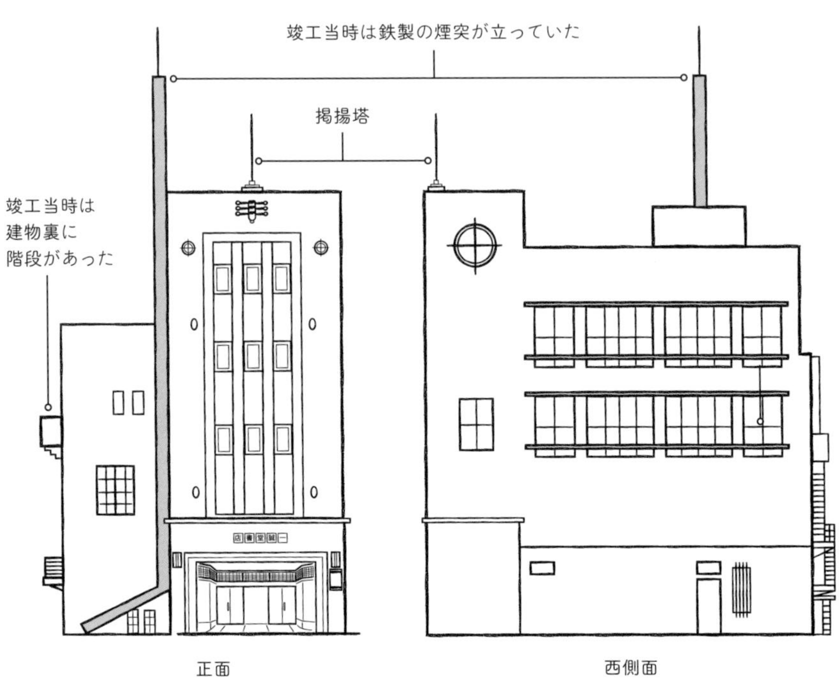

HISTORY | 歴史

明治36(1903)年
初代宇吉が故郷の新潟で前身となる「酒井書店」を創業

明治39(1906)年
酒井書店を神田猿楽町に開店

大正2(1913)年
神田の大火により店が全焼。新店舗開店の際に「一誠堂」の屋号に

大正12(1923)年
関東大震災により店が全滅

昭和6(1931)年
現在の店舗を創建

昭和15(1940)年
初代宇吉が54歳で急逝。長男の賢一郎が27歳で２代目宇吉を襲名

STRUCTURE ｜ 構成

外観

１階部分は花崗岩で覆われ、２階以上の外壁にはタイルが貼られている。縦に連なる三連の窓はテラコッタに囲われ、脇には丸窓、中央頂部には掲揚塔と数々の意匠が目を引く。

ステンドグラス

正面入口の欄間にある緑を基調としたステンドグラスは、垂直と水平の直線を使う新造形主義に近いデザインだ。建物の外壁に施された装飾との統一感を生み出す。

階段

店舗の奥へ進み２階へと向かう階段は大理石でできている。親柱の上にはアール・デコ調の装飾をまとった美しい球体の照明があり、気品あふれるホテルのようだ。

本棚

店内に足を踏み入れると、古今東西の本が床から天井まで並ぶのに圧倒される。店内１階・２階の壁側に造りつけられている本棚のほとんどが竣工当時のものだ。

MEMO

なぜ神保町は古書店街になったのか?

1880年代に相次いで建てられた法律学校（現在の明治大学や日本大学、専修大学など）の学生向けに法律書を扱う書店が増えたことが始まり。その後大学学部の多様化に合わせ、各ジャンルの専門書店が増えていった。間口が北を向く店舗が多いのは、本の日焼け防止のためだという。

1階は一般書や学術書、映画関連の資料など。2階には洋書や和本、美術書を取り扱う

きちんと保存すれば、必ず残る。

「当時は家族も含めて20人近くがこのビルに住んでいたでしょうね。住み込みの従業員が10人くらい、その食事をつくるお手伝いさんも数人いて、大きな鍋がいくつか置いてあって……」と、その情景を思い出すように酒井健彦さんは言った。

神保町に多くの有名古書店を輩出した「一誠堂書店」は、かつて社長家族、従業員、お手伝いさんが暮らす職住一体の店舗兼住宅だった。3代目を務める酒井さんに案内され上がった上階には、90年間この店を守ってきた人々の生活の痕跡があった。

一誠堂書店は明治36年、初代・酒井宇吉が創業した古書店である。

洋書を含めた文科系の古書籍や古典籍(＊1)を専門とし、取引先は国内の大学や図書館のみならず、欧米との取り引きも戦前から続いている。

13歳の頃、初代宇吉は故郷の新潟を離れ、当時出版社で働いていた兄を頼って上京。現在も神田すずらん通りに店を構える「東京堂」に入社し、書店見習いとして修行をした。4年後、郷里に戻り兄とともに貸本屋や雑誌文具の取次を行う「酒井書店」を創業する。

「明治以降に神保町周辺は大学がたくさん建ち始めたので、書店や出版社も増えましてね。祖父も書店をやるならやっぱり東京だ、ということで戻ってきたんでしょうね」と、酒井さんは話す。宇吉は明治39年に再び上京し、兄と弟

text : MEGUMI KOMIYA

左／入り口扉。一誠堂の由来は軍人勅諭の中にある「一の誠心こそ大切なれ」の二文字から　右／2階の店内。建物の天井が高く窓から優しい光が入る

の兄弟3人で神田猿楽町に店を構えたのだという。

しかしその後、10年の間に二度も店を失うことになる。

大正2年2月に起こった神田の大火では、一夜のうちに神田古書店街は焼け野原と化した。一誠堂書店も全焼し多額の損害を負うも、宇吉は失意にくれる間もなく5月には現在の場所に新店舗を構え再開。市区改正や市電の誕生で、繁華街がすずらん通りから靖国通り沿いに移動し、現在に見られる靖国通り沿いの古書店街の風景はこのときにつくられた。

しかし、大正12年の関東大震災で再び店舗は壊滅する。4日後になんとか汽車で故郷新潟に避難するも、宇吉は単身帰京。被災から16日後には焼け野原の神田にテントを張り、店を再開したのだった。どこよりも早い再開に新聞や雑誌でも話題に。災いを好転させる果敢な行動は、その後の一誠堂書店を大きく躍進させる原動力となる。

帝都復興が進むにつれ、書籍類を焼失した官庁や学校、図書館からの需要が高まり、古本業界は好景気に。世は震災恐慌に突入するも、この頃から店売りよりも学校や図書館、官庁へ向けた外売りに力を入れ、全国に販路を拡大していた。海外営業、支店の開店など一誠堂書店の成長は止まらなかった。

現在の4階建てのビルが建ったのは震災から9年後の昭和6年。当時「古書業界で唯一の高層ビル」と話題になったそうだ。店舗周辺は2階建ての長屋が多く、飛び抜けて背の高い店舗だったため、「隅田川の花火が“風呂場”から見えたんですよ。ちょっとリッチでしょう」と酒井さんは笑った。

……風呂場がある？　予想外の言葉に興味津々で話を聞くと「よければ見ますか」と酒井さん。2階店舗の奥に続く階段を上がった。

3代目店主の酒井健彦さん。出張で欧米に行くことが多いそうだが、「いつか行ってみたい場所はアマゾン」

＊1：明治頃以前の書写あるいは印刷された価値の高い資料。一誠堂書店では古写本・古写経・古文書・古版本・絵巻物・浮世絵・古地図などを扱う

3階の元住居部。現在は在庫置場となり、長い廊下や和室にも古書が保管されている

案内された3階は、店舗部分の様式とは違い、和室を細い廊下がぐるりと囲む書院造のような空間だった。3階に酒井さんたち家族、4階に従業員、2階の書店奥の部屋にお手伝いさんたちが生活していたという。

書店が住まいという環境で育った酒井さんは、昭和46年に一誠堂書店に入社した。読書が好きで大学では書誌学の研究所に所属。卒業後はどこか出版社に就職しようかと考えていると、大学からは「家が一誠堂なら、そこに入ればいいじゃないか」と一言。

「成績がさっぱりでしてね。なんとか落第を免れ、卒業してこの仕事を始めてみたら、教わった先生のほとんどが“お客様”だったんですよ。落第点とった担当の先生が遊びに来たりして。ありゃ参ったな」と少し恥ずかしそうに笑った。

酒井さんが3代目を継いでから10年余り。ネットであらゆる情報が手に入る時代、本の需要は明らかに減少しているという。その点、酒井さんの代からは国外への発信をさらに強化し、ホームページに日英表記で古書情報を掲載したり、ネット購入できるようにと時代に沿ったやり方を取り入れてきた。

「日本の古書の歴史って千年以上あるんです。今日出版されたものも、時が経てば貴重な記録資料になるかもしれない。そうした長い目でみると、淘汰されても本の歴史は続くだろうと思います。紙はきちんと保存すれば必ず残る。まだまだ、印刷された古書の世界の可能性は捨てたもんじゃないな、と思いたいんですけどね」

脇に古書が積まれた階段をさらに登り、4階へと上がる。

神保町の古書店街には「一誠堂出身者」が多い。競争相手が増えるため、当時ご法度とされていた神保町での出店にも、宇吉は快諾したという。

「みんなで一緒にやれば古書街も盛り上がるし、お互いの勉強にもなると。豪快だけどおおらかな人だったのでしょう」と酒井さん。

一誠堂書店が創業100年を機に歴史をまとめた『古書肆100年　一誠堂書店』の中で、崇文荘書店初代店主・佐藤毅さんが住み込みで働いていた昭和8年当時の様子を語っている。

「(前略) 昭和6年に建った新築ビルの三階は、主人や家族の住居になっており、まだ新しかったのですが、おからで廊下や檜の柱をよく磨いたものです。掃除が終わると木綿の着物に前掛けと袴帯を締めて店番です。(中略) 先輩は優しく親切でよく教えてくれ、親父さんや女将さんが非常に親切にしてくれることもあって、店全体の雰囲気が大変に柔らかだった (後略)」

従業員と寝食をともにし、家事や礼儀作法を生活で教え、家族のように暮らし、働いていた一誠堂書店。多くの弟子たちに磨かれてきたのだろう、深く光る木目の階段はさらに上へと伸び、屋上の扉を開けた。

「ここはね、おそらくこの建物ができた当時に祖父がつくった庭園なんです。祖母のためにお茶室を設けて、小さな水路と石畳をつくって。父がほったらかしにしたもんですから、私が再開しようかなと思って」

最近は猛暑で水やりに手が回らなくて、荒れてしまったのですが……という庭は、びわやさくらんぼ、無花果(いちぢく)など様々な果樹の木々が植わっていた。店の裏側に見える緑の茂みは、店をつくった人の憩いの場所だったのだ。

愛着を持った人から人へと受け継がれて、古書が千年の時を渡ってきたように、歴史をもつ建物の背景には「人」がいて「残そうとする意思」がある。

今は自分より背の高いビルに囲まれた一誠堂書店の建物が、凛と背筋を伸ばし、そのことを誇らしく思っているように見えた。

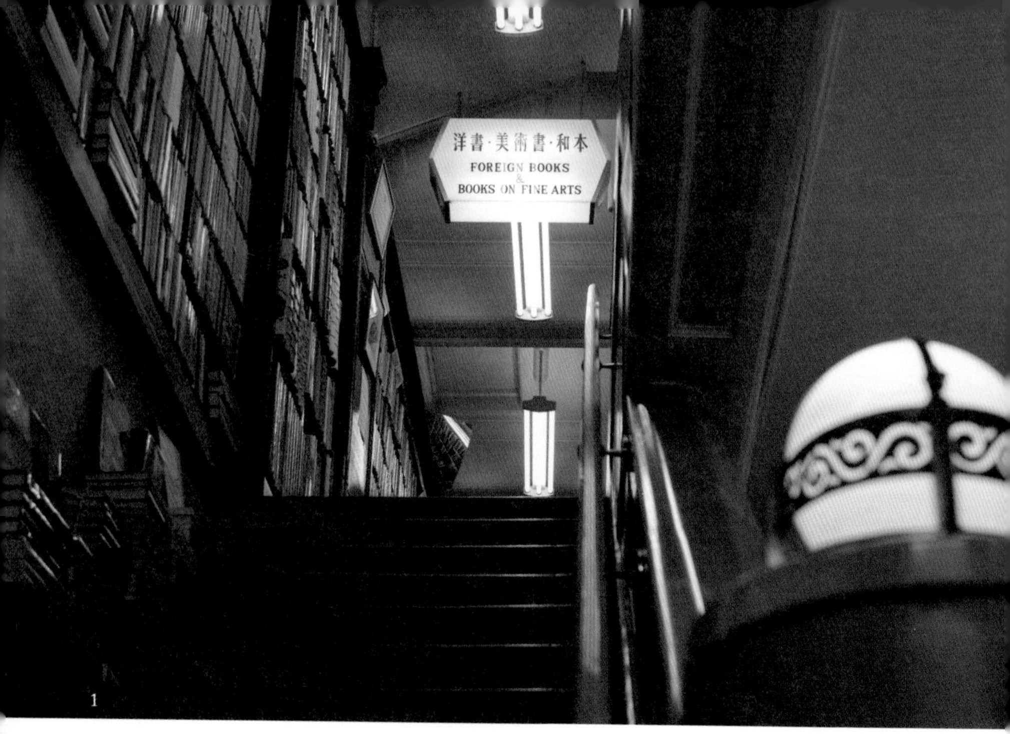

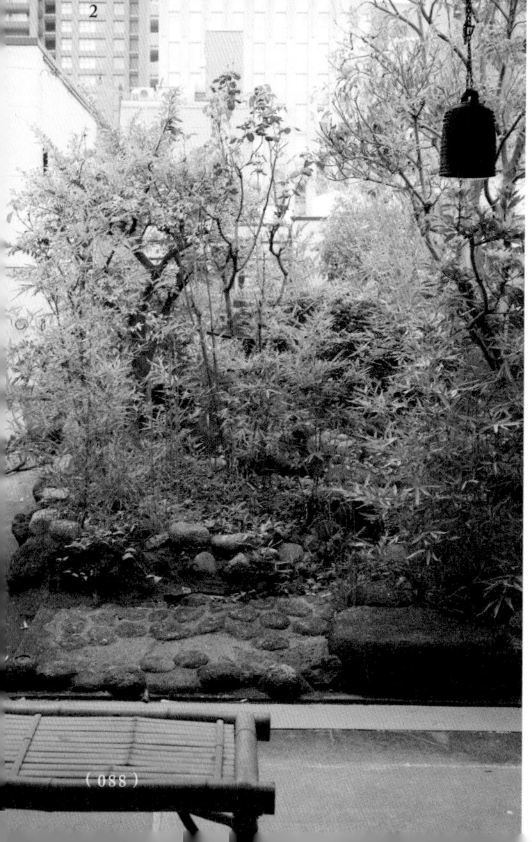

1

2

1.2階には普段なかなか目にできない浮世絵や草紙などの古典籍も並ぶ　2.果樹や草花が茂る屋上の庭園。「ここ数年の猛暑でお手入れが大変、少しお休み中」　3.戦後は英語の辞書がよく売れた。進駐軍の顧客も多かったという

3

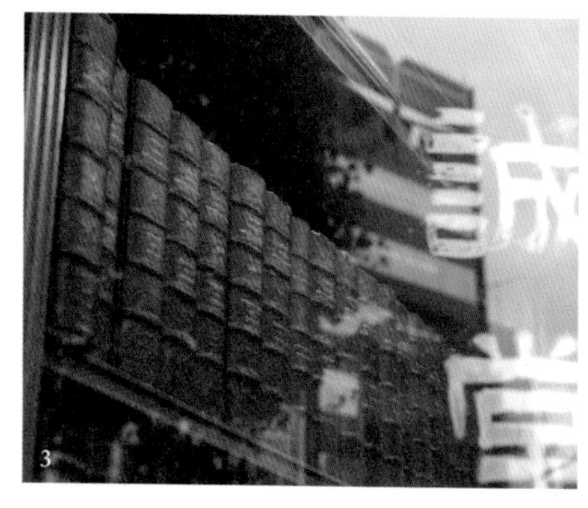

4.復刻版『勅版日本書紀』を当時ドイツ首相のヒトラーに謹呈し、礼状が届いたことも　5.徳富蘇峰が書き下ろした扁額　6.店舗上階の階段。よく磨かれた木製手すりが4階まで続く　7.店の内装は創建当時とほとんど変わらない。風格があるが、決して敷居の高さを感じない落ち着きと温かさがある

INFORMATION

一誠堂書店
〒101-0051 東京都千代田区神田神保町1-7
営業時間 10：00〜18：30(祝日は10：30〜18：00)　定休日 日曜日

この先船着場あり
航行注意 中央区
4008-2

日本橋クルーズ

東京都北区有形文化財にも指定
されたアール・デコ様式を基調
とした建物

DATA

創業	昭和11(1936)年
竣工	昭和11(1936)年
設計	西谷健吉・山本喜一
構造	鉄筋コンクリート造 2階建て(書庫は3階)

INTERVIEW 04

日本で最初にできた教科書図書館

東書文庫

ILLUSTRATION　図解

HISTORY　歴史

昭和11(1936)年
開館

昭和20(1945)年
空襲が激しくなり疎開準備をしているなか、終戦を迎える

平成11(1999)年
建造物が東京都「北区指定有形文化財」の指定を受ける

平成19(2007)年
経済産業省による「近代化産業遺産」に認定される

平成21(2009)年
明治初頭から戦後の文部省著作教科書までの76,420点が国の「重要文化財」の指定を受ける

半円形に張り出した部屋

半円形に張り出した部屋は幾何学模様を得意とするアール・デコの特徴。建築当時は談話室であった。

玄関ポーチ

花崗岩が貼り付けられた２本の柱と玄関ポーチはスクラッチタイルの建物と異なりやわらかい印象を与える。玄関扉・１階の丸窓には花柄があしらわれた鋳鉄製の格子がつけられていたが、戦時中の金属供出で失われた。

アーチの梁

玄関ホールの天井には三心アーチ（＊１）の梁がある。装飾こそ少ないものの、この時代の百貨店やオフィスなどで流行ったアール・デコを象徴するデザインだ。

腰壁のボーダータイル

内部に入ると黄土色の重厚な空間が広がるのは、人の背ほどの高い位置まである腰壁タイルのため。細長い泰山タイルが用いられている。京都の泰山製陶所が作製したもので、この時期流行した。

MEMO

教科書は時代を映す鏡

明治19年、小学校令の施行とともに検定制度が開始。文部省の検定済教科書（＊2）は、明治36年から国定教科書（＊3）へと変化していく。昭和になると多色刷りの教科書が出現。戦時中は戦車などを数える算数の教科書、敗戦後には児童自身で塗りつぶした墨塗教科書の時代もあった。

＊１：中心点の場所が異なる３つの円を組み合わせて描くアーチの形状
＊２：民間企業が発行し、文部大臣の検定を経て使用される図書
＊３：教科用図書の編集・発行などの権限を国家が占有し、発行される図書

玄関から見える内装。直線美と
曲線美が巧みに使われている

時代が変わっても残していく、創意と工夫

JR王子駅に降り立つと、後ろには飛鳥山公園の木々、前には東京さくらトラム（都電荒川線）が行きかう住宅街。その住宅街を歩いていくと突然、アール・デコ様式の建物が目に飛び込んでくる。茶系のスクラッチタイルの建物にみとれながら外壁に沿ってしばらく歩いていると、小さな丸窓のついた守衛所と正面玄関があらわれた。「東書文庫」と味わい深い文字で書かれた小さな表札が掛けられている。

「東京書籍株式会社附設教科書図書館　東書文庫」は、日本で最初の「教科書図書館」。鎌倉時代から現代までの教科書や教育資料など約16万点を収集・保存している。

運営しているのは明治42年の創業から日本の教科書づくりを担っている東京書籍株式会社。当時3代目・石川正作（しょうさく）社長が「このままでは教科書は散逸し、いずれ失われてしまう。今のうちに収集、保存していかなければならない」と、関東大震災から13年後の昭和11年6月にここ東書文庫を設立した。日本の時代背景としては「二・二六事件（＊1）」が起こった年である。

「改正図書館令」が昭和8年に公布されてから全国各地に図書館が続々と設立。しかし教科書に焦点をしぼった図書館はそれまで見当らなかった。東書文庫の設立は、研究利用の設備も設けた専門図書館の誕生となった。

門扉をくぐると手入れの行き届いた前庭があり、庭師さんと話をしているスーツ姿の北澤清貴館長が私たちに気づいて、顔をこちらに向け

text : JUNKO MORISAWA

た。
「皆さんがいらっしゃるときまでにきれいに整えておくつもりだったのです。作業中ですみません」と、にっこりと笑顔で迎えてくれた。
「今日は建物の取材でしたよね、実はこの庭にも見ていただきたいものがあります」と北澤館長に案内されると、正面には東書文庫の設立を計画した石川正作社長の像、その横には学問の聖木「楷(かい)の木」、昭和11年の開館時に建てられた鳥居があった。鳥居には「昭和拾壹（壱）年六月建」「中馬鐵工所」の文字が刻まれていて石川正作社長が三重県出身であることから、伊勢神宮から分祀された「東書神社」が建立されたという。

この辺りは昭和20年4月に、空襲により一面火の海と化した。
「ちょうどそこに居合わせた社員の奮闘で東書文庫は向かいにあった本社屋・工場とともに無事に焼失を免れ、庭園も今日まで当時の姿を残しているのです」
北澤館長が東京書籍に入社した当時「この方のお父さんが実際に消火作業にあたったのよ」と、その社員を紹介されたこともあったのだそう。

屋上から見た前庭。鳥居の向こうには楷の木と都電荒川線の線路も見える

一丸となって建物を守った社員たちの奮闘もあり、今でもほぼ変わらない姿で現存している東書文庫は、平成11年に「東京都北区指定有形文化財（建造物）」に指定された。

「どうぞ中へ」と促され建物の中に案内された。自然で流れるような北澤館長の説明に聞き入りながら、東書文庫の歴史について話は続いていった。

左／階段の上から見下ろすこの構図がおすすめという、館長の北澤清貴さん　右／「東書文庫」の門にある表札は明治〜昭和期に活躍した中村不折の書

＊1：昭和11年2月26日から2月29日にかけて陸軍の青年将校等が兵を率いて起こした政治体制に対するクーデター事件。首相官邸などが襲撃され、高橋是清蔵相らが暗殺された

掛図。黒板の横などにかけて、児童に見せる大型の資料。掛図を取り出すと好奇心から子どもたちの歓声が飛びかった

現在商業施設になっている目の前の広い敷地には、5年前まで東京書籍の関連会社の印刷工場が併設されていた。昭和初期に日本で開発されたダイヤモンドトラスという当時の先進的な工法でつくられ、ロンドンのキングス・クロス駅を想起させる「かまぼこ屋根」の工場だった。柱のない広い空間をつくることができるため、印刷や製本の機械を導入しやすいようにこの工法が用いられた。

今は路面電車が走る自然豊かな住宅街という印象の王子。これだけ大きな建物があれば創立当時は目立っていたのでは？と、尋ねると北澤館長は意外な答えをくれた。

「実は王子は『紙のまち』として工場が多く、今でいうシリコンバレーのような最先端の地域だったのです」

王子は江戸時代、一大観光地だった。

徳川吉宗公が江戸の行楽を増やそうと上野公園以外にも桜を植えることを計画。飛鳥山には1270本の桜が植樹された。

「その頃の様子は、『王子詣』という往来物（＊2）にも書かれています」と北澤館長。

幕末に幕府が掘削した千川上水の王子分水を工業用水とし、石神井川・隅田川の舟運が利用できることに着目した渋沢栄一によって、明治6年、日本で最初の洋紙工場「抄紙会社（現在の王子製紙）」が誕生。

翌年には印刷局が「旧国立印刷局滝野川工場(現東京工場)」を設立。紙の原料だった木綿の古布の供給に適した環境で、紙製品が使用される場所が近くにあったことも功を奏した。

そのような場所に東京書籍の印刷工場、「東書文庫」が設立された。

当時の細江館長は、貴重な過去の教科書や文献を集めるため、都内の古書店までリヤカーで出かけて行った。

細江館長の奮闘ぶりについては「毎日のように教育書購入に奔走し、リヤカー1ぱい2はいと買い集め、洛陽の紙価を高からしめた」と業界誌に紹介されています。

その地道な努力もあって集められた所蔵図書は、開館時の約5500点から昭和13年には5万5000点ほどになっていた。今も鎌倉時代のものから現代の教科書まで、温度や湿度、照度に気を使い大切に保管されている。

歴史を保存する東書文庫、そしてその運営にあたる東京書籍は未来を担う子どもたちの教科書をつくっている。

「教科書は印刷ミスや内容の誤りなど、失敗が許されません」と北澤館長。ガスや電気、水道のように、教科書も〝供給する〟と言うのだそう。

来訪者への案内や説明は北澤館長自ら行っている。東書文庫は先生や学生、研究者が調査や研究の目的で利用ことが多い。もちろん一般の方も「自分の使った教科書がみたい」と訪れることもあるそう。

「東書文庫はこれからも教科書をはじめとする教育関連資料の保存に努めつつ、社会貢献の一環として無償公開することで、日本の教育の歩みを見守り続けていきたい」と北澤館長は話す。

遠い昔からいつの時代も歴史を色濃く映している教科書。その価値にいち早く気がつき、失われつつある過去、そして現在の教育史を未来へ残していく。

静かな住宅街に突如現れたレトロな建物からは想像もできない世界が、そこには広がっていた。

＊2：平安時代末期から明治初期にかけてつくられた初歩教科書の総称。江戸時代に庶民教育が普及すると、日常生活に必要な一般教養・道徳を学習する用語を集めた往来物がつくられた

1.2階へ続く階段の手摺り　2.玄関と事務室の間の窓がアクセントとなっている　3.展示室。教科書の歴史を間近で見学することできる

4

5

4.建物正面。外壁と同じ色のスクラッチタイルで統一されている　5.建物の正面向かって左上の照明。アール・デコの意匠が色濃い　6.門と一体化した守衛室の丸窓は、ちょうど中に立って外を覗ける高さ　7.庇を支える２本の円柱と額縁のような装飾が重厚な趣の玄関

7

6

INFORMATION

東京書籍株式会社附設教科書図書館 東書文庫
〒114-0005 東京都北区栄町48-23　☎03-3927-3680
開館時間 9：30〜16：30　休館日 土曜日・日曜日・祝日・年末年始、および会社休日

COLUMN

3

東京都慰霊堂と横網町公園

大震災の悲劇を語り継ぐ

伊東忠太が設計に関与した慰霊堂。背後には、犠牲者の遺骨を安置する三重塔が建つ

3万8000人が命を落とした被服廠跡

隅田川の東岸、両国国技館や江戸東京博物館のすぐ近くに、東京都立横網町公園がある。ここは、関東大震災当時に「被服廠跡(＊1)」と呼ばれ、震災の死者・行方不明者のうち3分の1の人々が亡くなった場所である。

大正12年9月1日昼、巨大地震が発生し、隅田川東岸の地域に火災が燃え広がった。地元の警察は通行が可能な両国橋（＊2）を渡って対岸の上野や日比谷方面に避難させようとした。厩橋や吾妻橋、永代橋など隅田川の他の橋は焼け落ちて渡れなくなっていたが、両国橋はほとんど被害がなかった。

ところが、両国橋手前の国技館にまで火の手が迫ると、燃え移りやすい家財道具を携えた人々が橋を渡るのは危険と判断。誘導先を、被服廠跡へと変更した。広さ約2万坪の広大な敷地が、避難場所に最適だと判断されたからだ。

だが夕方になると、この場所も猛火に取り囲まれる。火の粉が飛び火して巨大な火災旋風も発生し、避難者の持ち込んだ荷物に引火。密集した状態で避難していた4万人は逃げ場を失い、95％にあたる3万8000人もの人々がここで命を落とした。

伊東忠太が配した妖怪たち

東京市は、そんな関東大震災における最大

＊1：陸軍から東京市と逓信省に払い下げられた軍装工場跡地

の悲劇が起きた被服廠跡を、死者の慰霊と震災を記憶するためのメモリアルパーク「横網町公園」として整備することにした。復興事業が一段落した昭和5年には、園内に犠牲者の遺骨を納める震災記念堂と大震災の関連資料を展示する震災復興記念館が建てられた。

震災記念堂の設計は公募コンペを実施するも1等案は採用されず、新たに設計を担当することになった建築家・伊東忠太は鉄筋コンクリート構造を採用しつつも、日本の旧来の宗教的様式をあらわす建築とすることを基本とする。だが伊東は、外観は神社仏閣様式ながら、平面的には教会で見られるバシリカ様式、納骨堂のある三重塔は中国・インド風とするなど、多くの宗教的要素を取り入れた折衷的な構成にした。

伊東は自著『妖怪研究』で「自然界の現象を見ると、或るものは非常に美しく、或るものは非常に恐ろしい。或は神秘的なものがあり、或は怪異なものがある（中略）此偉大な現象を起させるものは人間以上の者で人間以上の形をしたものだらう」と記した。伊東は、多数の小さな妖怪をこの場所にも取り入れている。

東京の悲劇は関東大震災だけで終わらなかった。太平洋戦争末期の昭和20年3月10日、東京大空襲によって東京はふたたび焦土となり、多くの犠牲者を出した。仮埋葬された身元不明の遺骨は震災記念堂に改葬・合祀され、堂は「東京都慰霊堂」、震災復興記念館は「東京都復興記念館」と改称されて現在に至っている。

左上／入り口裏を見上げると、口を開けて光の玉にかぶりつく妖怪の照明がある　左下／慰霊堂の内部。毎年、東京大空襲が起きた3月10日と関東大震災が起きた9月1日には、犠牲となった諸霊を追悼する慰霊大法要が行われる　右／東京都復興記念館も、伊東忠太が設計

＊2：当時の両国橋は、現在地よりも少し下流にあった

INTERVIEW 05

人の縁と思いが繋ぐオフィスビル

第2井上ビル

江戸時代、商人の町として賑わっていた日本橋 茅場町。現在もオフィスビルが建ち並ぶ

DATA

創業	昭和２(1927)年
竣工	昭和２(1927)年
設計	不明
構造	鉄筋コンクリート造 地上４階、地下１階建て

ILLUSTRATION 図解

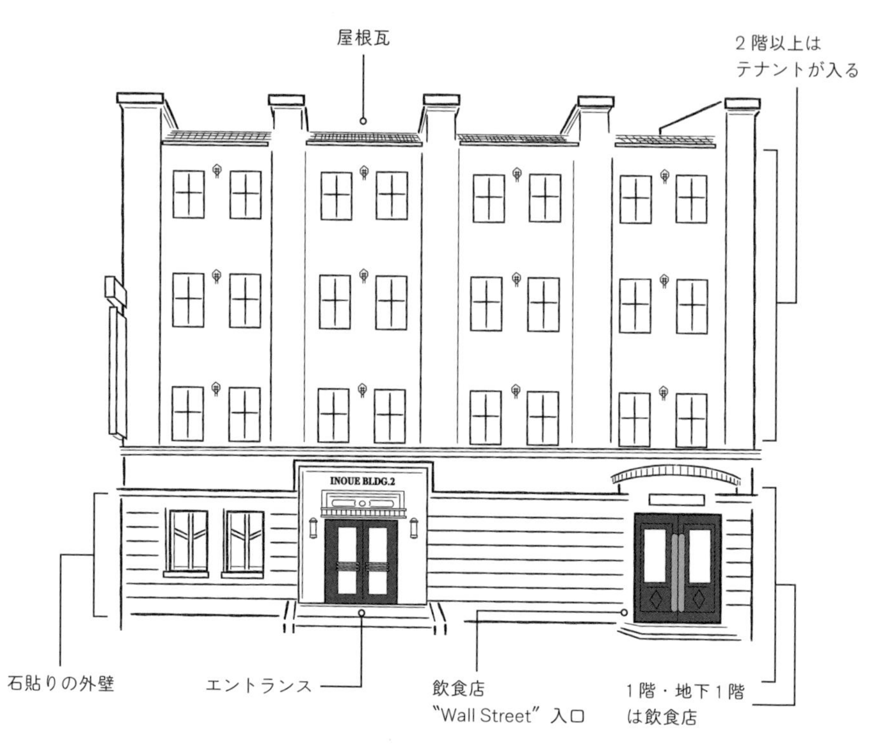

HISTORY 歴史

昭和2(1927)年
井上商事株式会社 創業
「塚本ビル」竣工

昭和22(1947)年
「興国人絹パルプ」が使用

昭和27(1952)年
「株式会社セーラー万年筆坂田製作所」が使用

昭和53(1978)年
「第2井上ビル」登記

平成元(1989)年
1階部分に飲食店
「Wall Street」創業

屋根瓦

建物上部は柱型の外壁と緑色の瓦庇を交互に組み合わせた和洋折衷のデザインが特徴的。屋根瓦は竣工当時のものが使われていて、落下防止のため一部塗装を行っているという。

階段タイル

２階の廊下の腰壁と階段には竣工当時からの二丁掛けタイル（＊１）が使われている。ノスタルジックな屋内を生かしてドラマやプロモーションビデオなどの撮影にもよく使われている。

モザイクタイル

かつてオフィスだった２階以上のスペースは、リノベーションが行われ現在はギャラリーやスタジオとして使われている。２階の一部の部屋では竣工当時のモザイクタイルの床が残されている。

石貼りの外壁

石貼りの１階部分の外壁は竣工当時のまま。一般的な外壁よりも凸凹を多くすることで力強い印象を与えている。入口のファサードなどは改装時に取り付けたもの。

MEMO

オフィスビルの誕生と都市生活における役割

日本初のオフィスビル（テナントビル）は明治27年竣工の「三菱一号館」。明治時代はテナントビルの創成期であり、ビルを縦に区分し長屋形式で貸し出されていた。大正に入ってからはフロア貸しが始まり、関東大震災、第二次大戦を経て、高度経済成長期には貸しビル業が著しく発展した。現在、オフィスビルの様式や機能、役割は大きく変化した。住む・働く・遊ぶといった、都市で暮らす人々の生活のすべてを担う場所となっている。

＊１：煉瓦のサイズと同等の大きさの小口タイルを２つ分の長さにしたタイル

建物内部は昭和初期に見られる独特の形をした梁が支えている。3メートルほどある高い天井に対して、扉の高さが低めだ。

先代からの想い受け継ぎ、残していくために

「この辺りはほんとに、歩けば銀行か証券会社に当たるようなところでしたから」

第2井上ビルのオーナー、井上商事株式会社社長の井上賢一さんが言うように、日本橋兜町・茅場町界隈は、“商業と金融の町”として知られるエリアだ。

昭和2年、復興計画の中で建てられた鉄筋コンクリート造のオフィスビル。当初は「塚本ビル」といって、井上商事の創業者の知人で、塚本長三郎という方が所有するビルだった。東京大空襲の際、焼け野原となってしまった茅場町一帯で、ポツンと一棟、このビルだけが残ったそうだ。約2キロ離れた東京駅まで見通せた。

築93年。ビルの歴史を辿っていくと、日本の産業の変化や人々の暮らしぶりが見えてくるように感じる。繊維産業全盛の頃は「興国人絹パルプ」が、戦後、万年筆の生産量が最高潮を迎え、男性の必需品とされていた時代には、業界最大手のひとつ「株式会社セーラー万年筆坂田製作所（＊1）がビルを使用した。その後、セーラー万年筆移転のタイミングでビル解体の話が浮上するが、それを阻止したのが井上さんの父、先代の社長だった。「ビルを壊す話を聞いた父が、『残したい』って言ったんです」。交渉の結果、井上商事がビルを買い取り、昭和53年3月15日、「塚本ビル」は「第2井上ビル」として新たにスタートした。

井上商事株式会社は、井上さんの祖父が興した会社で、創業当初は自動車運送業と倉庫業を

text : HIROMI KOIZUMI

井上さんが収集した復興計画に関する資料〈東京市枢要地区新道路拡大図〉。太い線が新しい道路を示す。現在ビルがある辺りは「亀島町」と呼ばれていた

営んでいた。「祖父がオートバイ好きだったみたいで、クルマに関する仕事を自分でやりたいと、経験を積んでから独立してトラック運送を始めたんです」。当時まだ大八車屋や馬で運ぶのが主流だった時代に、いち早く自動車を取り入れ、会社は大きくなっていった。しかし戦後、高度経済成長という時代の流れの中で、運送業から貸ビル業に商売替えをする。「私の代になったときに、運送業をようやくやめることができました。貸しビル業をメインにしたんですけど、その当時はただの古い建物というイメージしか持たれていなくてテナントさんに恵まれませんでした」。先々代からの縁があり、自身の代まで受け継いできたビルだ。「だから、残すためにどうしたらいいかって考えて、とにかく、多くの人たちの目に触れる機会を増やそうと思ったんです」

茅場町に生まれ育った井上さん。家業を継ぐのは当然の流れだったそう。でもそれは同時に、学ばなければならないことが山ほどあるということだった。「もともと建築は好きでしたが、構造やメンテナンスのこと、不動産はとにかく色んな知識が必要……、法律についても学びましたし、色々勉強している中で、東京の復興の歴史にも興味が出てきて、研究するようになりました」。そういって見せてくれたのは〈東京復興計画図〉〈大震災写真画報〉〈復興通信〉といった、関東大震災とその後の復興計画に関する地図や新聞、書籍などの貴重な資料の数々だ。15年位前に集中して集めたという。

「戦前の資料を集めるのは難しいですね。空襲でほとんど焼けてしまっているから。でも、自分は貸ビル業をやっていて、建築や地盤に興味があるから、こういう資料は集めておかないといけないと思っています。当時のものをちゃんと読むと、色んなことが見えてくるんですよ」

左／エントランスから上階へと続く階段の入口部分は、竣工当時のまま　右／防犯用に備え付けられていた格子状の鉄扉。現在は警備会社が入っているので使用していない

＊1：昭和35年にセーラー万年筆株式会社に社名変更

日本橋川からの分流、隅田川に注ぐ亀島川沿いに建つ。霊岸橋からビルの裏側を眺めることができる

ビルの入口、重い扉を開けるとエントランスホール。「さすがに古めかしかったので」というエントランスは改装したそうだが、階段やタイル壁は竣工当時のままで、梁は昔のものが剥き出し。高さのある天井は気持ちがいい。「床は元々モザイクタイルを貼り合わせたものだったんです。今は床材を張っていますけど、一部のギャラリーさんなどは敢えて床材を剥がして、割れたり抜けたりしている所もあるけど、それでもタイル床を見せて使ってくれてますね」。現在は20室すべてがテナントさんで埋まっている。「古い建物を探してたっていう方が多いですね。デザイナーさんだったり、アーティストの方など。皆さん長く居てくださいますよ」

テナントさんのひとつ、Gallery suchiのオーナー 須知吾朗さんと妻のあかねさんにお話を伺った。「このビルには人を惹き付ける魅力がありますよね。ビルに力がある」。以前ここに入居していた別のギャラリーさんがとても素敵で、このビルにずっと憧れていたそうだ。「でも、なかなか空かないんですよ。井上オーナーから部屋が空いたと連絡をいただいたときはとても嬉しかったですね。ラッキーでした」。Gallery suchiは2階の201と206の2室。201は竣工当時のモザイクタイルの床がそのまま残っている。「僕らが入ったときは、床にカーペットが張られていたんですけど、それを剥がしたらこのタイルが現れて！これは絶対このまま使おうと思いましたね」。206の方は、タイルは剥がされてしまっていたが、コンクリートの床にうっすらとその痕跡が残っている。「僕らは井上オーナーがビルを存続してくださる限り、ずっとここに居たいですね」

古い建物がどんどんなくなり、街の様子が変わっていくのは仕方がない。と井上さんは言う。「東京ですからね。それに、古い建物を維持していくのはそんなに簡単なことじゃないです。ただ、古い建物はね、見たほうがいいと思うんですよ。普段、自分がどういう所に住んでいて、自分の足下、地盤がどうだとか、建築物がどうだとか、そういうのを知るのは大事なことだと思うんです」

平成元年、貸ビル業に加え、井上さんは新たに飲食事業をスタートさせた。このビルの1階と地下1階でイタリアンレストランを運営している。この街の歴史を匂わせる"Wall Street"という名前の店だ。内装には、太くて頑丈な昔のままの梁を剥き出しにし、川に面した大きな窓は当時の設計を活かしつつ、全てオープンエアーに改装した。窓から流れ込んでくる風が心地良く、亀島川を眺めながら、食事やお酒を楽しむことができる。居心地の良いお店だ。

先代より受け継いでからずっと、井上さんが丁寧に手をかけ残してきた「第2井上ビル」。その努力が功を奏したのだろう、ここ数年、映画やドラマ、ミュージックビデオなどのロケ地として何度も使用されている。嬉しいことに、入居希望者も絶えない状況だ。古い建物に関心を持つ人が増えた感じがすると井上さんは言う。

街や建物は変化していく。しかし、人の縁と"古き良き建物が人の目に触れる機会を作りたい"という土地や建物への想いが繋いできたこのビルは、これからもずっとこの場所にあり続けるのだろう。ビルの屋上から茅場町の街を眺めながらそんなふうに思った。

左／2階の二丁掛けタイルの壁は3階にはなく、すっきりとした印象。テナントごとに扉の色が違って、モダンな雰囲気が漂う。
右／Gallery suchiでは現代作家の絵画や立体作品などを取り扱っている。作家さんにもビルのファンが多い。写真はモザイクタイルが残る201号室

INFORMATION

第2井上ビル
〒103-0025　東京都中央区日本橋茅場町2-17-13
☎03-3668-8680

ここまで関東震災後の「復興建築」として、
強く、火から守る鉄筋コンクリート造の
建物と人々の関わりを紹介してきた。

一方、それらの建物と同じく昭和初期に建てられ、
90年近く愛着を持って住まわれてきた木造の家があった。
空襲や経済成長期の開発の波をもくぐり抜け、
持ち主と歩んだその家は、
2020年にたくさんの人が集まるカフェとなり、
あらたな形で人を迎える場所となった。

古い建物が記憶とともに残された、ひとつのお話。

INTERVIEW 06

夕暮れがうつくしいカフェ

カフェおきもと

DATA

創業	令和2（2020）年
竣工	昭和7（1932）年（洋館） 昭和15（1940）年（和館）
設計	川崎忍（洋館） 宮本氏（和館）
構造	木造銅板葺き2階建て（洋館） 木造平屋建て、桟瓦葺き屋根（和館）

洋館と和館が庭を囲むカフェおきもと。周りは竹やぶに囲まれ、童話の森に迷い込んだような風景だ

ILLUSTRATION　図解

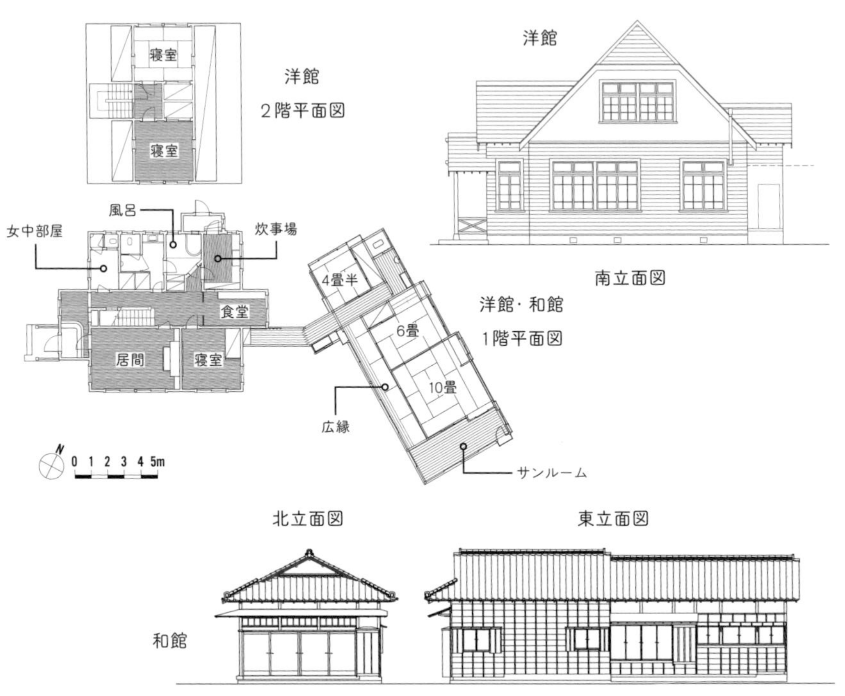

＊カフェの使用は洋館部分のみ

提供：国分寺市教育委員会

HISTORY　歴史

昭和7(1932)年
土井内蔵の別荘として洋館を竣工

昭和12(1937)年
沖本家が土井内蔵から譲り受け、移り住む

昭和15(1940)年
和館を竣工

平成14(2002)年
久保さん一家が沖本邸の近所に引っ越してくる

平成28(2016)年
「沖本邸」を受け継ぐ

令和2(2020)年
「カフェおきもと」がオープン

洋館の柱の装飾

外壁は南京下見板張りで、玄関の柱や梁、窓枠などには手斧削りによる幾何学の模様の装飾が施されている。夏場の別荘として建てられていたため、山小屋風の別荘趣味を醸し出した作りになっている。

左官仕上げの壁

特徴的な凸凹塗りの漆喰壁は左官仕上げのものだ。現在も塗り替えられることなく残る。職工の違いか、雰囲気を変えるためか、場所によって塗りの違いがあるので見比べてみてほしい。

窓

洋館1階の窓は一見すると洋風の見た目だが、引き違い窓を採用し日本的な建築要素を含む。窓枠に取り付けられたはめ殺しの木枠はアメリカ帰りの川崎が防犯対策のために本国に倣って取り付けたと思われる。

和館の丸木

外装、内装の至る所に丸木を用いてアクセントに。サンルーム側の霧除け庇には丸木の垂木を設け、端部は細い丸木を重ねて柄振板(＊1)としている。奥座敷天井の竿縁、廻り縁にも皮付き丸木を使用している。

MEMO

国立の学園都市計画とは?

関東大震災後、当時大規模な郊外開発を手がけていた箱根土地株式会社（現株式会社プリンスホテル）(＊2）が、東京商科大学（現一橋大学）校舎を中心に据えた学園都市を開発。まっすぐにのびる大学通りは一時期飛行機の滑走路として使用されていたことも。

＊1：屋根や塀、庇などが壁から出っ張る部分を納めるための化粧板
＊2：西武グループの創始者でもある堤康次郎が設立した土地開発会社。ほかに小平学園都市、大泉学園都市などを手がけた

1階のカフェルーム。元は家族団欒の居間だった。家具や調度品も当時のものを使い続けている

きっと、家がそうしてほしかった

「カフェおきもと」の門をくぐったのは午後3時前のことだった。

青く茂った竹やぶの小道を抜けると、さまざまな種類の草花が茂る広い庭と、それを囲むように緑色の屋根の洋館、ガラス張りの和館が現れた。どこかでこんな場所を見た気がするな、と記憶をたどると、小さな頃に読んだ童話に描かれた景色だった。

カフェおきもとは2020年10月に開店したカフェだ。元々「沖本家」の二人姉妹が住んでいた家を近所に住む現オーナーの久保愛美（なるみ）さんが受け継ぎ、カフェとして生まれ変わった。でもなぜ、「ご近所さん」がこの家を引き取ることになり、そして保存することになったのだろう。

「私は平成14年に沖本家のすぐ近くに越してきました。挨拶に行ったのがきっかけで、それからお付き合いが続くようになって」と、久保さん。「当時おばあちゃん（沖本姉妹）たちは80代でした。近隣のお付き合いはほとんどなかったようですが、その後おばあちゃんの方から声をかけてくれるようになりました」

カフェおきもとのある国立は、大正期に別荘が多く建てられた地域であった。関東大震災以降は、商科大学（現一橋大学）を中心とした学園都市開発が行われ、大富豪の別荘だけでなく一般家庭が洋風建築を建てた例も多く見られた。この時期の洋館には和館が併設されることが多く、「沖本家」の家も当時の流行をとらえた形式だったようだ。

洋館の建築主は土井内蔵（くら）という広島の貿易商

text : MEGUMI KOMIYA

左／オーナーの久保さん。庭のレイアウトや植栽も久保さんが少しずつ整えた
右／昔の沖本家と三女の智子さんの写真。現在の建物の窓枠は、この時代の朱色を目指して塗り直したという

で、別荘としてこの洋館を新築。その後昭和12年に同郷で海軍少将の沖本至(いたる)さんに譲られ、至さん、妻の明子(きよこ)さん、次女の京子さん、三女の智子さんの家族４人で長崎の佐世保からこの地に移り住んだという。

「京子おばあちゃんは、東京女子医大をでて、東大で博士号をとった方。神経内科女医の第一号でした。智子おばあちゃんはピアノの先生で、自宅のピアノ教室には国立の名士のお子さんが習いに来ていたようです」

　長女は早くに嫁いでおり、至さんの退官後は家を売却する話もあったが、姉妹二人が「絶対に売りたくない」と、働いて維持してきた。京子さんは90歳になっても現役を続けたいと、医師である久保さんの夫に相談したこともあったそう。

　京子さんが94歳で病気入院した際に、家の相続の相談を受けた。姉妹には相続者がいなかったのだ。

「二人が家を大切にしていたのは見てきていたし、智子おばあちゃんはまだ元気だから、売るのはちがうのかなと思いました」と久保さん。あと、ここに来られた方々が「この家はすごい」と言ってくれたんです、と言葉を続ける。

「一番最初はガス検針のお兄さん。若い方だったけど、〝僕の田舎の家みたいな雰囲気がある。できれば残してほしいなぁ〞って。そんな声を聞くようになりました」

　そして、「ご近所さん」だった久保さんは、悩んだ末に古い家と大きな庭を受け継ぐことを決意した。

洋館の裏には昔沖本家の管理人さんが住んでいたという小屋も残っている

暖炉とコールマンのオイルストーブ。昭和40年代に日本に3台だけ輸入されたうちのひとつ

姉妹との親交は「ご近所付き合い」だけではない、家族のような深いものだった。クリスマスや記念日に食事や旅行に行ったり、久保さんの自宅に姉妹が来ることもあったという。

「90歳になった頃、お花見のあとに焼肉に行ったら〝初めて食べた〟ってすごく喜んでいました。バーベキューもとても楽しそうだった。京子おばあちゃんは用心深くて沖本家にはあまり呼ばなかったけど、智子おばあちゃんはピアノの先生だったから、娘のピアノの発表会前に自宅のグランドピアノを弾かせてくれたりもしました」

姉妹が90歳を超えると久保さんは献身的な介護を始めた。自身も体調を崩してしまうほど、それは大変なものだった。

「ちょうどここに引っ越してくる前くらい、古い家で二人姉妹が餓死で亡くなったニュースを見ました。近所のお付き合いがなかったようです。だから絶対にうちの近所でそういうことを起したくないなと思って」と久保さんは話す。

この家を受け継ぐことになってからは、掃除に苦戦した。震災や戦争を経験した姉妹は、常に水の入ったヤカンをいくつも常備し、洋館も和館もごみで溢れかえっていた。それでも二人が暮らした家、そこに大切に守り育ててきたものがたくさんある。

「最初は業者さんを入れて掃除をしてたけど、なんでもごみにして持っていかれるんです。ブルドーザーで庭を一掃されたりするのを見ると、これ以上荒らされたくないな、やっぱり元の状態を残したいな、と思いました」

久保さんは少しずつ、できるだけ自分の手で家や庭を整えていった。ガーデニングが好きな

和館の渡り廊下。中桟のない一枚板の大きなガラスは、戦中の設計としては贅沢な使い方だ。

久保さんは、庭にたくさんの苗を植え、小道や柵なども手作りしたそうだ。

「庭の真ん中にある黄菖蒲（きしょうぶ）は、元々沖本家にあったのですが、どんどん姿が見えなくなってしまって。でも庭を手入れしていたら急に出てきたんです。生き残っていて、今は元気になりすぎたくらい」

2階には京子さんと智子さんが使っていた部屋があった。庭に面した智子さんの部屋は、現在カフェスペースとして使われている。

日が暮れてきて、ほのかな光と影が部屋に満ちていた。

「たくさんの人に〝なんで家を残そうと思ったのか〟って聞かれるんです。なんでしょうね、きっと家がそうしてほしかったのかな。ここを老人ホームに建て替える話もあって、業者の方もたくさん来ました。でもそのときに庭の木を伐採しなくちゃいけないと言われて、それはしたくなかったんです」

でね、と久保さんは言葉を続けた。

「娘と一緒にふと、この部屋から庭を見下ろしたときに、なんだか軽井沢に来ているみたいな気持ちになって。またこの森をつくろうと思ってもつくれないじゃないですか。いつまで保つかわからないけど、この家を少しお披露目させてあげてもいいのかな、って」

帰り際、これからこの店でやってみたいことを尋ねると、「いつか智子おばあちゃんをここに呼んでお誕生日会を開けたらいいな、ピアノ教室時代の生徒さんたちも呼んで」と久保さん。

それは家もきっと嬉しいだろうな、とそんな気がした。

１.2階のカフェルーム。元は智子さんの部屋だった。夕暮れどき、窓から差す光がゆっくりと移ろいでゆく　２.元寝室だっという部屋。テーブルは庭の整備で伐採された木を使って、久保さんがオーダーメイドでつくったそう　３.元食堂室。隣の炊事室とつながる小窓があり、料理の受け渡しを行なっていたのかもしれない

4.家に残っていたという蓄音機。深く芳醇な音色が店内に響く　5.家の内装や家具や調度品、塗装なども大きく手を入れず、古いものを残すことを大切に　6.庭にはたくさんの草花が咲き、生き物が集まる。春夏秋冬、さまざまな表情を見せるのだろう　7.和館も洋館も形式ばらず、どこかゆとりのある空間が心穏やかにしてくれる気がする

INFORMATION

カフェおきもと
〒185-0033 東京都国分寺市内藤 2-43-9　営業時間〈ランチ〉11：00〜14：00
〈カフェ〉14：00〜16：00　定休日 火曜日・水曜日・木曜日

ARCHI TECTURAL MAP

復興建築
タイムスリップMAP

現存する復興建築をエリアごとに紹介。
また、失われた建物・一部当時の名残を留める建物を
1920〜30年代、1980〜90年代のアーカイブ写真で収録。
実際に街を歩きながら、時代の変化を体感してほしい。

外壁改装前の旧大日本麦酒株式会社銀座ビヤホール（現ビヤホールライオン銀座７丁目店）

日本橋エリア

経済と商業の中心、重厚な銀行建築が集結

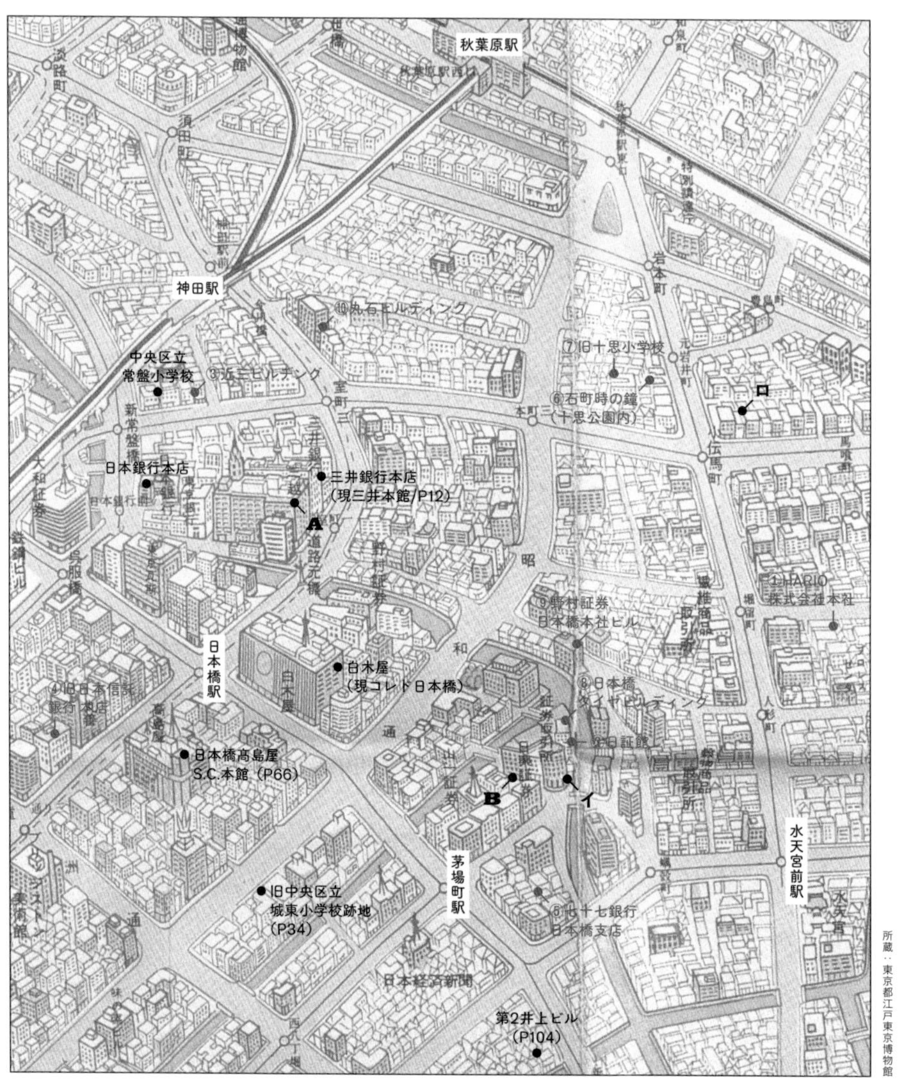

所蔵：東京都江戸東京博物館

徳川家康の江戸幕府開府により整備・造成された城下町・日本橋は、豪商や御用職人が集まる商工業の中枢となった。五街道の起点とされた名橋「日本橋」は、今も全道路の起点として「日本国道路元標」が埋め込まれている。現在、町名に「日本橋」とつくのは21カ所あり、おおよそ5つの特色あるエリアに分けられる。かつて金座が配されていた兜町には現・日本銀行本店があり、今も経済の中心地として金融機関や大企業が拠点を置いている。繊維問屋などが多い商工の町であった東日本橋付近は、現在はギャラリーやカフェが密集するクリエイティブエリアに。再開発で日々変化しながらも、お江戸の空気感もきちんと纏っている。

» ここもチェック

A | 日本橋三越本店

昭和2(1927)年／横河工務所
震災で被災した大正時代の店舗の躯体を活かして修築、その後3度の増築を経て現在の姿になった。5層吹抜けの中央大ホールや6階の三越ホールなど店内のあちこちに意匠を凝らした格調高い装飾が施されている。

B | 山二証券(旧片岡証券)

昭和11(1936)年／西村好時
第一国立銀行で建築課長として数多くの銀行建築を設計してきた西村好時の作品。ねじり柱やスペイン瓦の庇、丸窓がよい。兜町の証券会社の街並みにありながらもどこか邸宅風な造りが安心感を与える。南隣の旧成瀬証券(1935年)も西村の作品だ。

» あの日の復興建築 ～今はなき街風景のアーカイブ～

イ | 旧東京証券取引所 本館

昭和6(1931)年／横河民輔
日本橋川沿い、鎧橋際にあった本館ビル。円筒状でドリス式の柱には斎藤素巌作の彫刻が。後方にはギリシャ神殿風の市場館(1927年)も。兜町のシンボル的存在だった。

ロ | 旧福助東京小伝馬ビル(現CSSビルディング)

昭和4(1929)年／池田忠治
足袋や靴下・下着など広く展開しているメーカー「福助」の元東京支社ビル。小伝馬町交差点のすぐ東、江戸通り沿いに建っていた。解体時までほぼ竣工当時のままだった。

80's

80's

提供：いずれも「ぼくの近代建築コレクション」

HARIO株式会社
自転車を除く
歩行者優先
HARIO

1 | HARIO株式会社 本社（旧川崎貯蓄銀行富沢町支店）
※内部は一般公開していません

昭和7（1932）年／川崎貯蓄銀行建築課
アカンサスの葉を飾った華麗な柱頭を持つコリント式オーダー（＊1）が配置された、ネオルネサンス様式（＊2）の銀行建築。建物内には銀行時代の金庫が現存しているなどほとんど内装は変わっておらず、外観内観ともに銀行建築がもつ特有の重厚さを醸し出している。

＊1：円柱の形式の一種。柱の上部にアカンサスをモチーフにした装飾があるオーダー
＊2：15世紀～17世紀にイタリアで生まれたルネサンス様式に基づきながら、各地の新しい建築技術・様式を織り交ぜて設計された建築。歴史主義建築のひとつ

2 | 日証館
(旧東京株式取引所附属
東株ビルチング)

昭和3(1928)年／横河工務所
関東大震災で焼失した渋沢栄一邸の跡地に建てられた。証券会社が立ち並ぶ兜町の雰囲気を伝える美しい連続アーチが重厚さを感じさせる。建物の中に入ると一転壮麗な空間が広がり、証券会社のオフィスはかくあるものかと想像を掻き立てる。

80's

提供：いずれも「ぼくの近代建築コレクション」

GOLF5

出典：『建築の東京』

3｜近三ビルヂング（旧森五ビル）

昭和6（1931）年／村野藤吾
戦前戦後を通して活躍した建築家村野藤吾が独立してから最初の作品。90年前に建てられた建物とは思えない近代的なオフィスビルだ。ドイツ製ガラスモザイクタイル貼りの天井や大理石貼りの壁で構成された玄関ホールにも注目。

4｜旧日本信託銀行本店
（現 スターツ日本橋ビル）
»一部保存

昭和２（1927）年／矢部又吉
現在は９階建てのビルに建て替えられたが、正面入り口には旧建物から残した装飾的な玄関を残し、建物内にも当時の意匠が見られる。

5｜七十七銀行 日本橋支店 »解体

昭和６（1931）年／不詳
ルネサンス様式を感じる建物。仙台に本店がある七十七銀行だが、設立にあたっては渋沢栄一が大きく関わったといわれる。現在も同じ場所に改装された同名銀行が建つ。

提供：いずれも「ぼくの近代建築コレクション」

6｜石町時の鐘（十思公園内）

7｜旧十思小学校（現 十思スクエア）

小学校：昭和３（1928）年／東京市
鐘：昭和14（1939）年

アーチ窓や半円形の円柱など、ドイツ表現主義（＊１）風な意匠が特徴の元復興小学校。現在は転用し高齢者福祉サービス施設として活用されている。隣接する十思公園にある時の鐘は、かつて江戸時代に城下の人々に時刻を知らせた時鐘であった。明治時代に時鐘が廃止され、昭和５年に鉄筋コンクリート造の鐘だけが十思公園に移転した。

7

80's

＊１：技術革新によって可能になった新しい素材の採用や社会の大衆化に伴い1910年代にヨーロッパで興った建築運動

8 | 日本橋ダイヤビルディング (旧江戸橋倉庫ビル)

昭和5(1930)年/三菱倉庫K.K

柔らかなクリーム色の壁と全体に丸みを帯びた船にも似た外観からは柔らかな印象を抱くが、その実は貨物を守る堅牢な倉庫であった。前進は明治期に建てられた煉瓦造りの倉庫(通称「七つ蔵」)だが、関東大震災で「七つ蔵」など多くの倉庫が被災した経験から、鉄筋コンクリート造で建てられた。かつては、屋上にクレーンがあり、艀による水運で運ばれてきた貨物を日本橋川から荷揚げしていた。

9｜野村證券日本橋本社ビル（旧日本橋野村ビルディング）

昭和5（1930）年3月／安井武雄
関西で活躍した建築家安井武雄が設計を行った。本人曰く枠にとらわれない「自由様式建築」なのだという。1階と上部は白を基調に軽く、中間は茶褐色のタイルを用いて重い印象を与えている。最上階の両角に設けられている出格子（＊1）風の装飾が面白い。

＊1：窓の外へ突き出した形の格子

丸石ビルディング

10 | 丸石ビルディング（旧太洋商会ビル）

昭和6（1931）年／山下寿郎
ロマネスク様式風のオフィスビル。正面入口のテラコッタ（＊1）装飾が施されたレリーフや、ライオン・フクロウ・リスなど動植物の彫刻が建物の芸術性を高めている。玄関を入ったエントランスには、花をモチーフとした石膏彫刻の天井、モザイクタイルを組み合わせた床が美しい。

＊1：低温で焼成された素焼きのタイルのこと。軽く燃えにくいことから装飾に好まれて使われた

銀座・新橋エリア

社交の街、時代の流行を映す建築たち

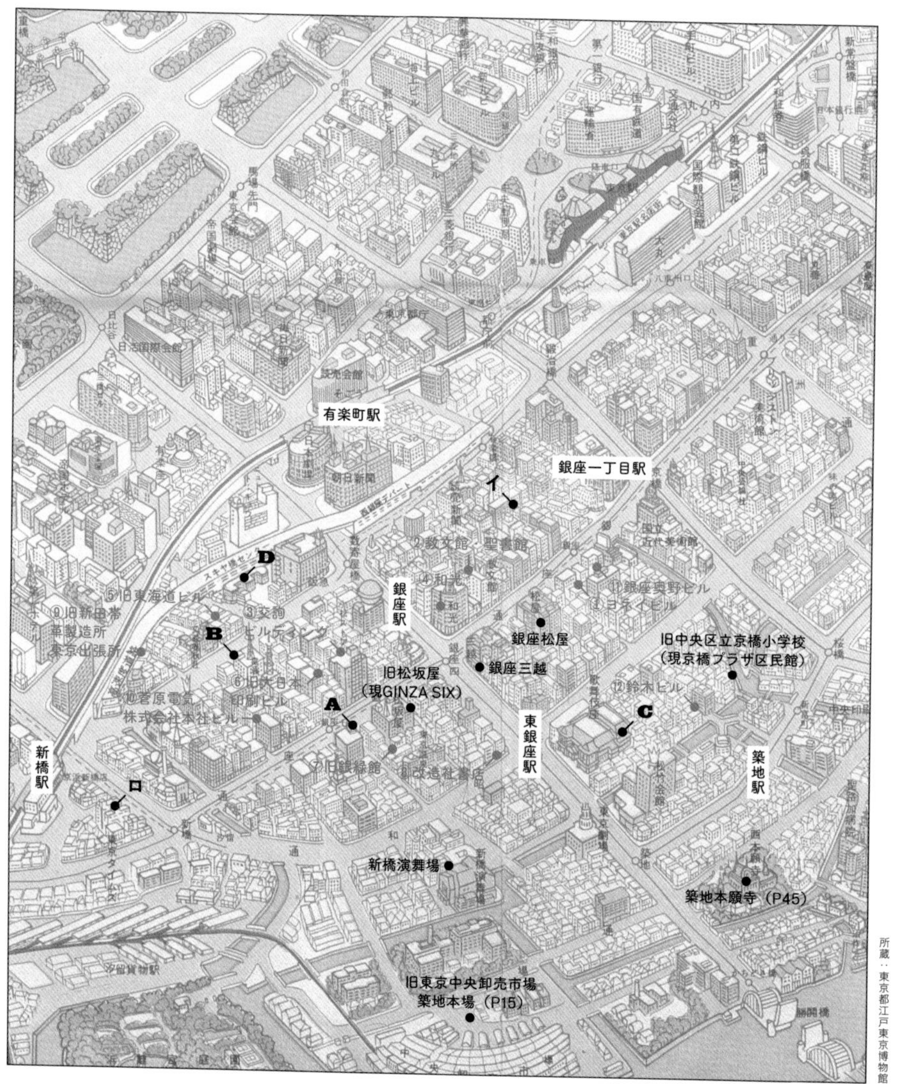

所蔵：東京都江戸東京博物館

大火事や震災、戦火に包まれるなど、幾度かのクラッシュ&ビルドを繰り返しその度に進化してきた街・銀座は、家康が静岡から銀を鋳造する場所を移転したことをその名の由縁とする。明治時代には銀座煉瓦街として整備され、多くの新聞社が社屋を構えた。その後、銀座といえば「ウィンドウショッピング」、「銀ブラ」などの流行語を排出しながら、今も高級ブランドショップやバーなどが並ぶ華やかな大人の街として他の地域とは一線を画している。また、隣接する新橋は鉄道発祥の地、サラリーマンの聖地など、銀座とは全く異なる雰囲気を持った庶民派の街だが、近年は虎ノ門や汐留などと併せて再開発が進み洗練されつつある。

» ここもチェック

A | ビヤホールライオン 銀座7丁目店（旧大日本麦酒銀座ビヤホール）

昭和9(1934)年／菅原栄蔵
現存する最古のビヤホール。大日本麦酒株式会社(現サッポロライオン)が本社ビルの1階に開業した。ビヤホール内装は当時の佇まいのまま。

B | 電通銀座ビル（旧日本電報通信社）

昭和9(1934)年／横河工務所
戦後、銀座で焼け残った数少ないビルのひとつ。外壁のタイルやガラスブロックの窓など、当時最先端のモダニズムなオフィスビル。

C | 歌舞伎座

大正13(1924)年／岡田信一郎、吉田五十八
1889年開場。外観は洋風、内部は日本風の3階建て檜造りだった。震災、戦災、建物の老朽化による4度の建て替えを経て、2013年現在の建物となる。

D | 中央区立泰明小学校

昭和4(1929)年／東京市
現存する復興小学校。創立は1878年。創立当時は赤レンガ校舎だった。アーチ型の窓、曲線の壁面、ツタが絡んだ校舎の外見が特徴。

» あの日の復興建築 ～今はなき街風景のアーカイブ～

イ | 旧銀座東邦生命ビル（現 ZOE銀座）

昭和6(1931)年／徳永庸
現在はガラス張り9階建ての女性向け商業施設が建つマロニエ通りには、コリント式オーダーが並ぶ本格的な古典様式のビルが建っていた。ビルは2003年に解体。

ロ | 旧蔵前工業会館（現 新橋マリンビル）

昭和6(1931)年／吉本与志雄他
東京工業大学の同窓会組織「蔵前工業会」が建設。1990年代に解体される時点で新橋界隈最古の建物として有名だった。外壁のアール・デコ風の意匠が特徴的。

提供：いずれも「ぼくの近代建築コレクション」

YONEI BLDG.

1 │ ヨネイビル
（旧株式会社米井商店）

昭和５（1930）年／森山松之助
現在は白亜のシンプルな外観だが、２階以上の外壁には1980年代に剥離のため撤去されるまでテラコッタタイルが貼られていた。入口アーチに用いられているねじり模様の柱がロマネスク様式（＊１）風となっている。

＊１：11〜12世紀頃の西ヨーロッパで取り入れられた建築様式

2｜教文館・聖書館

昭和８(1933)年／アントニン・レーモンド

２つのビルがエントランスと階段を共有しながら建つ。A・レーモンドが設計したアール・デコ建築であったが、装飾性の高い１・２階の外装や塔屋は失われ、太い柱と梁からなるモダニズム的な部分が強調されている。エントランス、エレベーターホールや階段に旧状を残す。

3 | 交詢ビルディング

昭和４（1929）年／横河工務所
「交詢社」とは1880年に福澤諭吉によってつくられた慶應義塾の社交クラブ。英国のクラブハウスを手本に設計されたとされる旧建物は2004年に建て替えられ、正面のアール・デコの意匠が取り入れられた出窓部分だけが現建物に保存されている。

4 | 和光（旧服部時計店）

昭和７（1932）年／渡辺仁

銀座４丁目交差点の角に建つ東京のランドマークとして名高い建物。新店舗への建替え中に関東大震災に遭い工事を中断、設計を最初からやり直して建てられた。特に時計塔は「世界にふたつとない時計塔にしたい」という創業者・服部金太郎の意向の下、１年以上かけて考案されたものだ。1945年の東京大空襲では焼失を免れるも、進駐軍の売店（P.X.）として接収。接収解除後、1954年からチャイムを鳴らすようになり、今も毎正時銀座に時を告げている。2012年以降は３月11日14時46分に東日本大震災の犠牲者へ哀悼の意を込めた「鎮魂と希望の鐘」を鳴らしている。

協力：株式会社和光

HUBLOT
教文館
山野楽器

5 | 旧東海道ビル » 解体
(現 東海堂銀座ビル)

昭和4(1929)年/渡辺節
近代建築の先駆者として知られる渡辺節の初期の作品では唯一のモダンスタイルである。現在改築されビルは2代目だが、どことなく当時の面影を残す。

6 | 旧大日本印刷ビル » 解体
(現 ギンザ・グラフィック・ギャラリー〈DNP銀座ビル〉)

昭和2(1927)年/不詳
大日本印刷の前進となる秀英社時代に銀座営業所(活字販売所)として建設。1986年に文化事業として設立したグラフィック専門ギャラリー gggのロゴは現在のビルのエントランスにも。

7 | 旧銀緑館 » 解体

大正13(1924)年/松岡(自家設計)
銀座6丁目の再開発に伴い、2013年に解体。画商の洲之内徹が主催した「現代画廊」や京都発祥の古美術商「思文閣銀座店」、文化人が集う「BAR樽」などが入っていた。

提供:5・6・7・8・9左写真「ぼくの近代建築コレクション」

90's

8

8 | 改造社書店 » 現存

昭和5(1930)年/不詳

左右に異なった意匠が面白い。左の改造社書店は昭和初期流行のタイル貼りの外壁、右はモルタル打ちっぱなしのシンプルなもの。現在は修繕により屋根の瓦はなくなっている。

9 | 旧新田帯革製造所東京出張所(現 ニッタビル) » 解体

昭和5(1930)年6月/木子七郎

三井不動産により都心型商業施設に建て替えられたが、現在もビルの低層部に竣工当時の名残をとどめている。

出典:『復興建築図集 東京・横浜 1923-1930』

椿屋珈琲
2·3F
うどん
そば
木屋
山市ビル
鳥長
ます膳
コッペリア
あんとんす
Chi-ni
セルリア
ワイアラエ
秀粋
カトレア

10｜菅原電気株式会社 本社ビル（旧菅原電気商会）

昭和9（1934）年／吉田享二

縁取りした窓を規則的に並べたモダニズムを意識したオフィス建築。珈琲店の看板に目が奪われがちだが、建物の脇に回ると階段室部分の丸窓と縦方向に伸びる連続窓がよい。丸窓はタイガービルなどにも見られる当時流行したデザインだ。

11 ｜ 銀座奥野ビル（旧銀座アパートメント）

本館（左）昭和7（1932）年・新館（右）昭和9（1934）年／川元良一

当初は高級集合住宅であったが、戦後はオフィスやアトリエ等に利用されてきた。エントランスにある釉薬塗りのタイル、手動で開けるエレベーターなど1930年代の雰囲気がそのまま受け継がれる。設計者の川元良一は同潤会アパートの設計にも携わっている。

12 | 鈴木ビル

昭和４(1929)年／山中節治建築事務所
松竹の貸衣装業を営んでいた鈴木氏が貸部屋のために建てた建物。丸窓、出窓、屋根窓にスクラッチタイルやテラコッタ。路地の狭さもあってやや過剰な演出なのは、けいこ場や芝居公演の場として使用するので賑やかな目を引くデザインにしたためであろう。

丸の内・有楽町エリア

西洋的なオフィスビルが建ち並ぶ

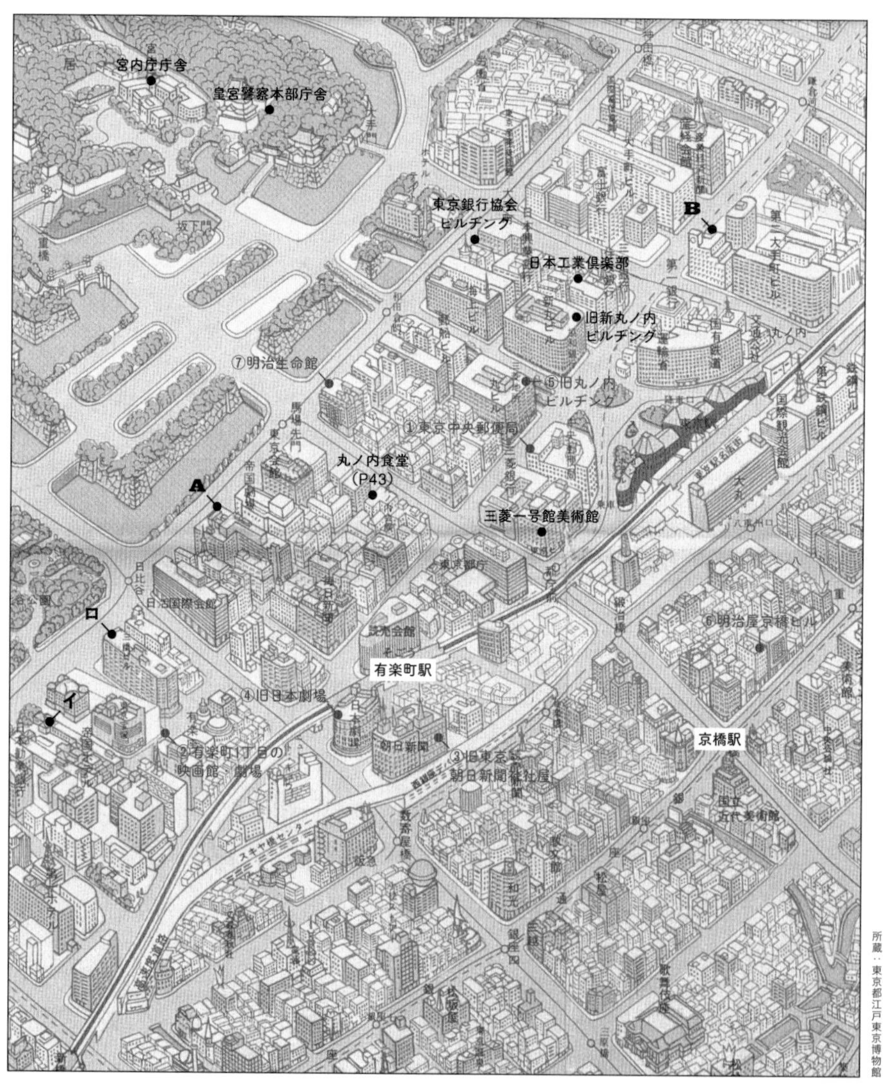

所蔵：東京都江戸東京博物館

かつては湿地だった「日比谷入江」を家康が埋め立て、武家屋敷が立ち並ぶ城下町に整備した。維新後、江戸城は皇居となり、武家屋敷は中央省庁や軍事関連施設に。さらに軍施設が麻布などに移転後は三菱が買い取り、東京府庁舎竣工をはじめにイギリス人の建築家の設計で赤煉瓦造りの西洋館が並ぶオフィス街に生まれ変わった。明治中〜後期には日比谷に西洋建築のホテルが建てられ、外国人や上流階級の人々が訪れる場所としても発展。また有楽町エリアには西洋式の劇場が、昭和に入ってからは多くの映画館が開館して賑わいを生んでいる。近年は丸の内界隈のビルが美観を維持したまま、高層ビルへと続々と建て替えられている。

» ここもチェック

A | 第一生命日比谷ファースト（旧第一生命館）

昭和13(1938)年／渡辺仁、松本與作
終戦後、連合国軍総司令部(GHQ)庁舎として接収。現在もマッカーサー総司令官室が保存されている。(一般非公開)

B | 大手町野村ビル（旧日清生命館）

昭和7(1932)年／佐藤功一
旧日清生命保険の本社屋。現在は低層部に旧建物のファサードを残し高層ビルに。元々あった時計塔も再現されている。

» あの日の復興建築 ～今はなき街風景のアーカイブ～

イ | 帝国ホテル旧本館（ライト館）

大正12(1923)年／フランク・ロイド・ライト
落成式の当日に関東大震災が発生。しかし大きな損傷もなく耐え抜き伝説的な建築となった。1946年に解体され、建物の一部が愛知県の博物館「明治村」に移築されている。

ロ | 旧三信ビル

昭和4(1929)年／松井貫太郎(横河工務所)
三井合名と三井信託(現三井住友信託銀行)の共同事業として起工。吹き抜け天井のシャンデリアや、国内初の自動エレベーターが設置され人々の注目を集めた。

20's

80's

提供：いずれも「ぼくの近代建築コレクション」

1 | 東京中央郵便局

昭和8(1933)年／吉田鉄郎

関東大震災前に焼失した仮庁舎の設計中に震災が発生、新庁舎の再設計を行った。白いタイル、曲面を用いた壁、広い窓とモダニズムの萌芽的な建築で、当時の世界的建築家ブルーノ・タウトも来日した際に高く評価したという。2012年にJPタワー建設のため部分保存となるが郵便局部分や局長室が残る。

東京駅南口
Tokyo Sta. S. Ent.
歩行者
自転車
専用

30's

出典：『建築の東京』

提供：いずれも「ぼくの近代建築コレクション」

2 | 有楽町1丁目の映画館・劇場 » 全て解体

大正期は浅草が都内きっての歓楽街だったが、阪急電車の創設者・小林一三が家族で楽しめる繁華街を都心につくろうと、株式会社東京宝塚劇場(現東宝株式会社)を設立。宝塚少女歌劇の東京拠点「東京宝塚劇場」や「日比谷映画劇場」などを次々と開場した。以降多くの映画会社や映画館が有楽町・日比谷に集中し、賑やかな映画街に。近年はビルの老朽化と再開発で多くの施設が姿を消しつつある。

旧日比谷映画劇場(左上)、旧有楽座(右上)→解体後、跡地に現日比谷シャンテ・TOHOシネマズシャンテが建つ。
旧東京宝塚劇場(左下)→解体後、跡地に2代目劇場を保有する東京宝塚ビルが建つ。

3｜旧東京朝日新聞社社屋 » 解体
（現有楽町センタービル
〈有楽町マリオン〉）

昭和2（1927）年／石本喜久治
1893年に東京朝日新聞が初めて伝書鳩を報道で使用。塔屋1階に鳩舎を設け、200羽の伝書鳩を収容することができた。

4｜旧日本劇場 » 解体
（現有楽町センタービル
〈有楽町マリオン〉）

昭和8（1933）年／渡辺仁
当時東洋一の劇場と言われた通称「日劇」は、日本興行界のシンボルとして親しまれた。戦後は舞台やショー、音楽ライブ、NHK紅白歌合戦も開催。1981年に隣接する東京朝日新聞社とともに解体、跡地に有楽町センタービル（有楽町マリオン）が建つ。

5｜旧丸ノ内ビルヂング » 解体
（現丸の内ビルディング）

大正12（1923）年／桜井小太郎（三菱合資会社地所部）
昭和戦前最大のアメリカ式大型オフィスビル。質量比較として「丸ビル何杯分」と引用される象徴的な建築だった。現在は高層ビルに建て替えられたが低層部に当時の面影が残る。

5

30’s

出典：3・4・5『建築の東京』

6 | 明治屋京橋ビル
（旧東京明治屋ビル）

昭和８(1933)年／曾禰中條建築事務所

輸入商材を扱う明治屋の事務所兼店舗として建てられた。華麗な装飾が随所に表現されたネオルネサンス様式は輸入商材を扱う明治屋の気品を感じさせる。民間で初めて地下鉄駅と一体化して設計された現存最古の建築でもある。

7 | 明治生命館

昭和9(1934)年／岡田信一郎

国内最大級のコリント式オーダーを持つネオルネサンス様式のオフィスビル。１階営業室の吹き抜け、ガラス屋根のトップライトが美しい。当時最先端のオフィスであったことも評価が高く昭和の建築として初めてに重要文化財に指定された。

30's

出典：『建築の東京』

水道橋・神保町・九段下エリア

アカデミックな建物が残る学生と古書の街

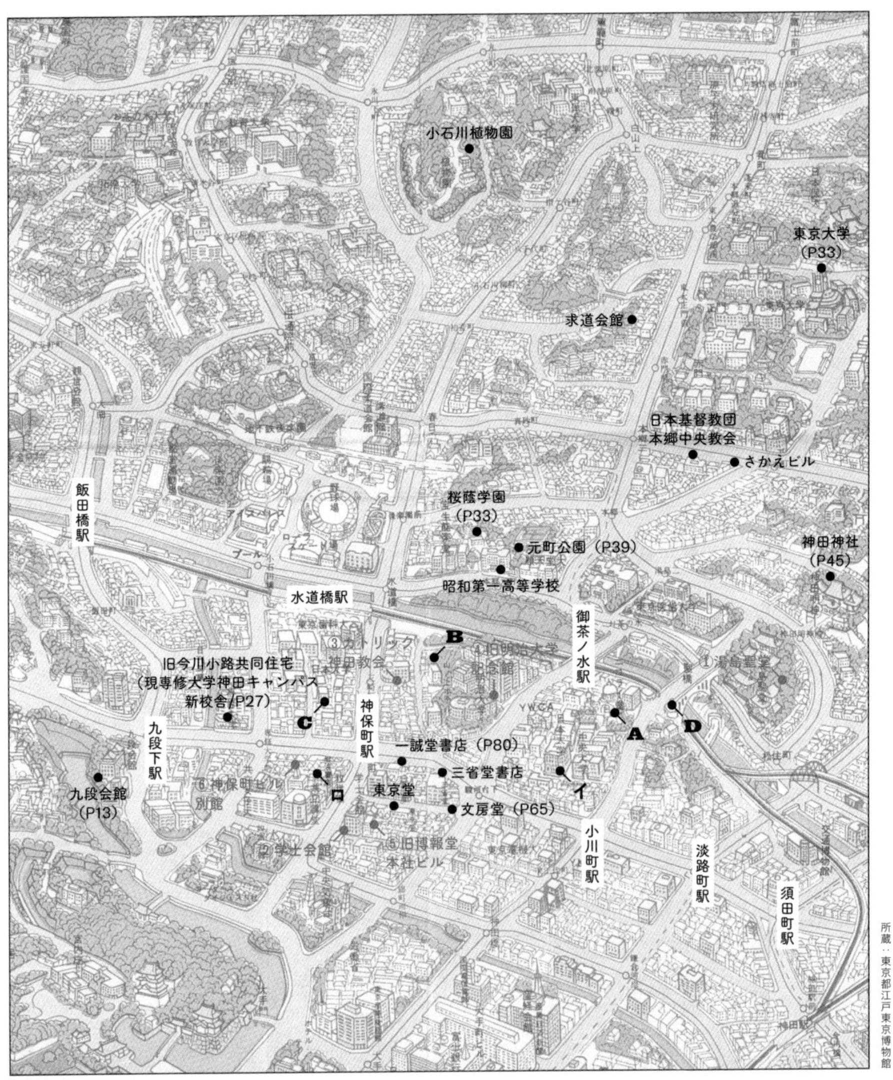

所蔵：東京都江戸東京博物館

幕府が江戸城勤務役人用の御用屋敷をつくったときに、石垣が九層にも達したことから「九段」という地名が生まれた。縄文時代は九段下駅辺りが波打ち際だったようで、その上には貝塚がある。神保町も武家屋敷が立ち並ぶ街で、旗本の神保長治の屋敷があったことからその町名となっている。昭和に入ってから神保町界隈は第二次大戦の空襲を免れ、戦後は三崎町や小川町なども含めて古書店街として発展してきた。現在は出版社の多い街、また、学生街としても有名だ。神保町から西神田、猿楽町に抜けると神田川が流れている。そこに架かる橋が「水道橋」で、かつてこの橋の近くに神田上水があったのでそう呼ばれていたという。

» ここもチェック

A | 東京復活大聖堂（ニコライ堂）

昭和４（1929）年／岡田信一郎
1891年にジョサイア・コンドルの実施設計で建てられた正教会の聖堂であったが関東大震災によって聖堂のドームが崩壊した。煉瓦壁のみ残された状態から岡田信一郎によって再建。ドームはぜひ中から観てほしい。

B | 山の上ホテル（旧佐藤新興生活館）

昭和12（1937）年／ウィリアム・メレル・ヴォーリズ
石炭王・佐藤慶太郎が事業引退後に欧米の生活様式を市民に啓蒙するためにつくった文化設施。戦中は日本軍、戦後GHQに接収されたが1954年に吉田俊男が借り受けホテルを開業。階段を登った先の天井にあるステンドグラスがよい。

C | 東方学会（旧東京中学校）

昭和７（1932）年／堀越三郎
元は東京中学校の校舎として建てられたシンプルで機能的なモダニズム建築。戦後に東方学会の所有になった。

D | 聖橋

両岸の２つの聖堂（湯島聖堂・ニコライ堂）を結ぶことから命名。山田守は分離派建築会（＊１）を結成した一人。

» あの日の復興建築 ～今はなき街風景のアーカイブ～

イ | 旧日本大学理工学部1号館（現 新1号館）

昭和４（1929）年／長井郁郎、江崎伸一、足立宗四郎
設計者の３名は日大理工学部第１回卒業生だったという。現在は重厚な様式から一転、ガラス張りの新校舎に。

ロ | 旧東京高等商業学校（現 岩波書店一ツ橋ビル）

大正５（1916）年／遠藤於菟
元東京高等商業学校の校舎で東京最古の鉄筋コンクリート造建築と言われる。1929年から岩波書店本社として利用。

80's

80's

提供：いずれも「ぼくの近代建築コレクション」

＊１：1920年東京帝国大学建築学科の同期６名が結成したグループ。日本で初めての近代建築運動を行った

1 | 湯島聖堂

昭和10(1935)年/伊東忠太

将軍家によって建てられた孔子廟で、昌平坂学問所や近代学校教育発祥の地として知られる。関東大震災で焼失した旧聖堂の外観を模して鉄筋コンクリートで復元した。屋根の上には妖怪好きとして知られる伊東忠太が設計した鬼犾頭・鬼龍子という霊獣の像が置かれている。

2｜学士会館

昭和3（1928）年／佐野利器、高橋貞太郎
帝国大学出身者の交流施設として建てられた。神田教会と同様に神田大火と関東大震災の2度焼失を経験している。建物角の丸さやホールに入る階段の手すり壁、照明など随所にアール・デコの装いが見られる。現在は帝大出身でなくても利用可能。

3｜カトリック神田教会

昭和3(1928)年／マックス・ヒンデル
神田大火と関東大震災の2度の焼失を経験している教会。バシリカ形式(＊1)の聖堂で、連続した半円アーチの窓や小アーチで連結した軒蛇腹(＊2)などロマネスク様式風の特徴を持つ建築だ。設計のM・ヒンデルは日本在住中に多くの教会関係の設計を行った人物。

＊1：古代ローマ時代を起源とする長方形の建物。入口を入ると身廊があり、両脇に側廊を設けることが多い。長堂形式ともいう
＊2：軒に帯状に取り付けた突出した装飾。コーニスともいう

80's

4

4 | 旧明治大学 記念館 » 解体
（現明治大学
リバティタワー）

昭和3（1928）年／大森茂
昭和から平成初期の明治大学を象徴する建物だった。建て替え後の超高層ビル頂部も旧校舎のような半径ドーム屋根があり、イメージの継承が窺える。

5 | 旧博報堂本社ビル » 解体
（現テラススクエア）

昭和3（1928）年／岡田信一郎
付け柱や塔屋が印象的な建築だった。解体後、住友商事ビル事業部が運営するオフィスビルが建ち、当時のファサードの一部が再現されている。

提供：4・5「ぼくの近代建築コレクション」

6｜神保町ビル別館（旧相互無尽株式会社）

昭和5（1930）年／安藤組
スクラッチタイルやアーチ窓など小規模なビルながらアール・デコを象徴する建物。窓の格子や窓上飾り、バルコニーなど装飾が特徴的。かつては金融機関や日本タイ協会の建物として使われていたが、2020年10月に解体が始まった。

浅草・蔵前・両国エリア

隅田川橋梁群と存在感のあるモダン建築

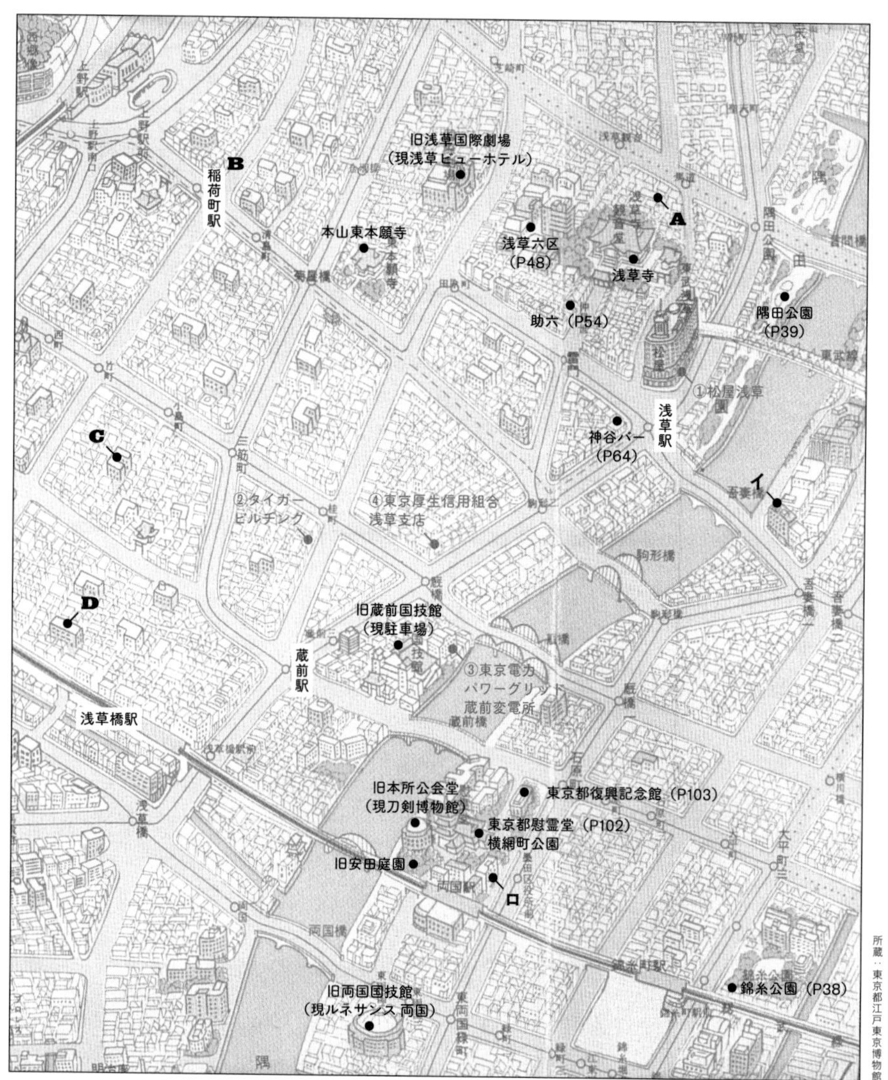

所蔵：東京都江戸東京博物館

1400年余の歴史を持つ浅草寺を中心に、浅草は庶民の遊興の場として栄えてきた。江戸中期以降、吉原の移転や猿若三座の芝居興行など繁華街として発展する。昭和に入ってから鉄道や道路のインフラ整備が進み、碁盤の目を持つ街並みに。戦後は六区に馬券売り場、映画館、演芸場などが続々できたが、70年代に一時衰退。平成にはサンバカーニバル、花火大会などで活気を取り戻し、近年は外国人に人気の観光地となっている。隅田川対岸の両国は、災害時の逃げ場を作るため隅田川2番目の橋「両国橋」をかけたところから発展。明治には国技館ができ、一旦蔵前に移るものの1985年には新国技館が完成。相撲が両国に帰還した。

» ここもチェック

A | 浅草寺一山支院

昭和7(1932)年／
岡田信一郎・捷五郎(岡田信一郎の弟)
鉄筋コンクリート造の浅草寺支院集合住宅。震災後に区画整理をきっかけに浅草寺の支院群が区画整理により一画に集まって建設された。

B | 稲荷町駅3番出入口

昭和2(1927)年／今井兼次
日本最古の地下鉄・銀座線が浅草〜上野間に開通した際にできた駅。3番出入口のみ当時のデザインが残っている。

C | 台東デザイナーズビレッジ (旧小島小学校)

昭和3(1928)年／東京市臨時建築局
元復興小学校を再利用し、現在はデザイナーの創業支援を行う施設に。特徴的な塔屋が目印。

D | 旧台東区柳北小学校、柳北公園

大正15(1926)年／東京市(校舎)
元復興小学校と隣接する復興小公園。現在は体育館や校庭の一部が学童保育の施設、地域のスポーツ施設として活用されている。

» あの日の復興建築 〜今はなき街風景のアーカイブ〜

イ | 旧吾妻橋アサヒビヤホール (現フラムドール)

昭和5(1930)年／不詳
アサヒビール本社ビルに併設する黄色いオブジェのビル位置に建っていたビアホール。この一帯にはかつてアサヒビール吾妻橋工場があった。

ロ | 旧墨田区役所第一庁舎 (現第一ホテル両国)

昭和5(1930)年／不詳
1947年、本所区と向島区が合併し墨田区が誕生。本所区役所を第一庁舎に、向島区役所を第二庁舎として使用。アーチ窓が連続し、別館には塔屋もあった。

80's

80's

提供：いずれも「ぼくの近代建築コレクション」

30's

出典：『建築の東京』

1 ｜ 松屋浅草

昭和6（1931）年／久野節

関東では初となる本格的な百貨店併設のターミナルビルとして開業した。1974年の改修でアルミサッシで覆われていたが、2012年の東京スカイツリー開業に合わせて新たにタイルを貼り付けて復元。時計台も復活した。店舗階段部分に当時の面影を残す。

2 | タイガービルヂング

昭和9(1934)年／不詳
銀座奥野ビルと同様に、元々は高級賃貸住宅として建てられた。現在はテナントビルとして利用されている。両端に線対称に設けられた丸窓や1階店舗入口の枠部分につけられたテラコッタによる装飾がこの建物を特徴づける。

3｜東京電力パワーグリッド
蔵前変電所

昭和8（1933）年／不詳
目立たないことを是とすることが多い変電所であるが、縦方向に並ぶシンプルな窓など古典様式を取り入れ銀行と見紛うような造形をしている。現地で見ると大きな建物だが、威圧感を抑えるためにこのような意匠を施しているかもしれない。建物に向かって左側上部に丸窓のアクセント。現在も現役の変電所として使われている。

4｜東京厚生信用組合 浅草支店

昭和5（1930）年／不詳

店舗入口上部のアーチや丸窓、シンプルなオーダーなどがアール・デコの雰囲気を醸し出す。元の用途は不明だが、建物に対して小さい窓などから金融機関と推測される。この地域一帯は東京大空襲の被災地域だったがこの建物は奇跡的に残った。

上野エリア

復興を象徴する荘厳な建築群

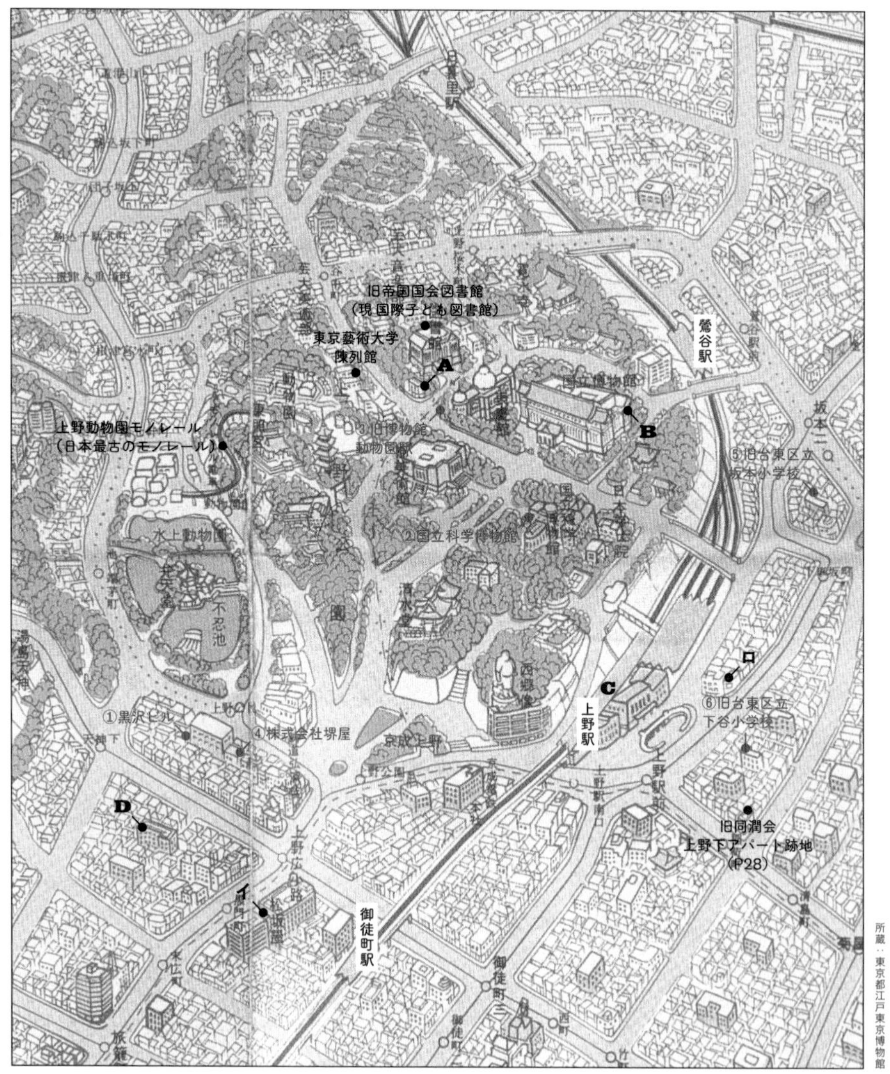

所蔵：東京都江戸東京博物館

上野駅を見下ろす位置に、江戸城の鬼門封じのために建立されたという将軍家菩提寺の寛永寺がある。華麗荘厳な堂塔の数々は幕末の戦争でほぼ焼失。明治にはこの跡地に病院建設を予定していたところ、視察で来日したボードウィン博士が、自然が破壊されるのは忍びないと、公園にすることを日本政府に提言したため日本初の公園「上野恩賜公園」ができた。現在は美術館、博物館、動物園などを含めて上野の象徴となっている。駅周辺はビルが立ち並び、商業・ビジネスエリアとして発展途中である上野だが、広小路方面にはもう一つの上野の代名詞「アメ横」がある。戦後のカオスな雰囲気が残るこのエリアも人気の観光スポットだ。

» ここもチェック

A｜黒田記念館

昭和３(1928)年／岡田信一郎
日本近代洋画の父ともいわれる黒田清輝の遺言を受けて建設された。昭和初期における重要な美術館建築のひとつ。

B｜東京国立博物館本館

昭和12(1937)年／渡辺仁・内匠寮(宮内省)
震災後６年の歳月をかけ、東京帝室博物館 復興本館として竣工。耐震耐火構造・保存科学・展示手法・自然採光と、当時の最高技術が取り入れられている。

C｜上野駅

昭和７(1932)年／酒見佐市・浅野利吉
東京の北の玄関口。地盤の高低差を利用し、乗降出口を分離した立体構造が特徴。駅舎のファサードや明かり取りの窓など竣工時の意匠が残る。

D｜台東区立黒門小学校

昭和５(1930)年／東京市
今年で創立110周年を迎える現存する復興小学校。校庭をコの字型に囲んだ設計で外側３階にアーチ窓が並ぶ。内装の連続アーチ型の廊下天井も美しい。

» あの日の復興建築 ～今はなき街風景のアーカイブ～

イ｜旧松坂屋 (現 松坂屋上野店)

昭和４(1929)年／鈴木禎次
当時上野広小路の都市風景を一変させたルネサンス風の荘厳華麗な建物。百貨店初のエレベーターガールが登場した。外装は改装されたが、内装は当時の名残を留めている。

ロ｜旧上野労働相談所 (現 ファミリーマート 上野駅前店)

大正15(1926)年／下谷兵事会
東京市が社会政策の一環として経営していた、市営の公衆食堂「上野食堂」として建った。最盛期には都内に16カ所が存在したという。1939年に労働相談所に転換した。

出典：『復興建築図集 東京・横浜 1923–1930』

提供：「ぼくの近代建築コレクション」

眼科
小川眼科
1F 小川眼科 TEL 3831-0580
2F 松下歯科 TEL 3832-6566
黒沢ビル
松下歯科

1 | 黒沢ビル
（旧小川眼科病院）

昭和４（1929）年／石原暉一
玄関入口の欄間をはじめ小川三知のステンドグラスが数多く使われているのは、建主の小川剣三郎が小川三知の弟であったから。中央にある尖頭アーチ窓（＊１）や３階のコンクリートでできた幌状の庇など、ドイツ表現主義（＊２）風のデザインが特徴的。

１.黒沢ビルのモダンな雰囲気をつくる、小川三知のステンドグラス。応接室の六角形の照明笠も、六面すべて異なる鳥や動物の文様がデザインされたステンドグラスでできている。窓には冬の「椿の花」　２.小応接室には、夏の「立葵」（左）、秋の「流水に黄セキレイ」（正面）と、三知作品の宝庫である　３.応接室入口の欄間にも春の「梅」が。空間全体を通して、日本の四季の趣が表現されている　４.玄関入口の欄間には「鶏鳴告暁」と、続けてバラの花のステンドグラスが迎えてくれる

＊１：先端のとがったアーチ窓
＊２：技術革新によって可能になった新しい素材の採用や社会の大衆化に伴い1910年代にヨーロッパで興った建築運動

2 | 国立科学博物館

昭和6(1931)年/文部省大臣官房建築課(糟谷謙三)

スクラッチタイルの外壁と花崗岩の車寄が威風堂々とした佇まいの建物だ。ドーム天頂と回廊部分のステンドグラスは伊東忠太が鳳凰をモチーフにデザインしたものを小川スタジオ(小川三知のステングラス工房)が製作した。上空から見ると当時の科学技術を象徴する飛行機の形をしている。

3 | 旧博物館動物園駅

昭和8（1933）年／中川俊二

京成電鉄の上野延伸時につくられた。外観は国会議事堂の塔屋に似たピラミッド状の屋根を持つ。内部の趣向の凝らされたドーム型天井は科博のドームをオマージュしたようにも見える。1997年に載降客数の減少により駅は休止されたが2018年より時おり内部が公開されている。

4 | 株式会社堺屋 ›› 現存

大正末期(1920年代)／不詳
江戸時代から続く老舗酒店。スクラッチタイルの壁にスペイン瓦、出窓のように張り出した大きなガラス窓。角地を活かしたカーブが美しい。屋号横に掲げられたクローバーのレリーフは、彫刻家として初めて文化勲章を受賞した朝倉文夫によるもの。

5 | 旧台東区立 坂本小学校 ›› 廃校・現存

大正15(1926)年／阪東義三(東京市)
復興計画初期の改築小学校。玄関や階段室に見られるアーチ状の意匠など、当時と変わらぬ姿を残している。現在は区が校舎を維持・利用し有効活用するための検討を重ねている。

6 | 旧台東区立 下谷小学校 ›› 廃校・現存

昭和3(1928)年／東京市
台東区内の復興小学校は全部で33校あったが、現存する小学校は下谷小学校を含めわずか6校。蔦の生い茂る外観が印象的で、玄関の支柱にアール・デコ調の意匠が見られる。

提供：4・5・6「ぼくの近代建築コレクション」

本書掲載／物件・取材先一覧

本書掲載／物件・取材先一覧

用語一覧

あ

【アール・デコ】…直線的・幾何学的な装飾を主体とするデザイン

【インターナショナルスタイル】…装飾を排除し、鉄、ガラス、コンクリートなどを使用した合理的なデザイン

【柄振板(えぶりいた)】…屋根や塀、庇などが壁から出っ張る部分を納めるための化粧板

【拝み】…左右から反り上がった破風板がぶつかる場所

【往来物(おうらいもの)】…平安時代末期から明治初期にかけてつくられた初歩教科書の総称。江戸時代に庶民教育が普及すると、日常生活に必要な一般教養・道徳を学習する用語を集めた往来物がつくられた

か

【紀元2600年】…桓武天皇の即位から2600年の節目とし、祝賀行事や記念式典が挙行された

【金属類回収令】…戦時中、武器生産に必要な金属資源が強制的に回収され、建築もあらゆる金属類の提供を求められた

【化粧垂木】…軒下や室内から見える小屋組の構造のこと

【コーニス】…建物の軒や壁面にまわした突出した水平材。蛇腹

【国定教科書】…教科用図書の編集・発行などの権限を国家が占有し、発行される図書

【古典主義】…古代ギリシャ、ローマを理想とする建築様式。オーダー(円柱と梁の構成)を用いる

【古典籍】…明治頃以前の書写あるいは印刷された価値の高い資料

【コリント式オーダー】…円柱の形式の一種。柱の上部にアカンサスをモチーフにした装飾があるオーダー

さ

【三心アーチ】…中心点の場所が異なる3つの円を組み合わせて描くアーチの形状

【市街地建築物法】…1919年公布建築基準法の前身にあたる建築法。住居・商業・工業の用途地域や防火・美観地区等の制度などを設けた

【子午環】…子午線上の天体の位置(赤経と赤緯)を精密に観測するための望遠鏡

【尖頭アーチ窓】…先端のとがったアーチ窓

【神仏分離】…明治政府が「神道と仏教」「神社と寺院」を明確に区別させ、神道の国教化政策を行うため明治元(1868)年に公布した命令

た

【出格子】…窓の外へ突き出した形の格子

【テラコッタ】…低温で焼成された素焼きのタイルのこと。軽く燃えにくいことから装飾に好まれて使われた

【ドイツ表現主義】…技術革新によって可能になった新しい素材の採用や社会の大衆化に伴い1910年代にヨーロッパで興った建築運動

な

【二・二六事件】…1936年2月26日から2月29日にかけて陸軍の青年将校等が兵を率いて起こした政治体制に対するクーデター事件。首相官邸などが襲撃され、高橋是清蔵相らが暗殺された

【日本趣味】…鉄筋コンクリート造に和風の瓦屋根を乗せたような和洋折衷のデザイン

【ネオルネサンス様式】…15世紀〜17世紀にイタリアで生まれたルネサンス様式に基づきながら、各地の新しい建築技術・様式を織り交ぜて設計された建築。歴史主義建築のひとつ

【軒蛇腹(のきじゃばら)】…軒に帯状に取り付けた突出した装飾。コーニスともいう

は

【箱根土地株式会社】…西武グループの創始者でもある堤康次郎が設立した土地開発会社。ほかに小平学園都市、大泉学園都市などを手がけた

用語一覧

【バシリカ形式】…古代ローマ時代を起源とする長方形の建物。入口を入ると身廊があり、両脇に側廊を設けることが多い。長堂形式ともいう

【蛤御門の変】…1864（元治元）年、京都から追放された尊王攘夷派の長州藩と会津藩、薩摩藩などの幕府軍と軍事衝突した事件。長州屋敷に火を放って洛中洛外が一面火の海と化した。禁門の変

【バラック】…フランス語で「小屋」の意。震災復興期においては、罹災地における公設、私設の木造仮設住宅（本建築以外の建築）の総称

【被服廠跡】…陸軍から東京市と逓信省に払い下げられた軍装工場跡地

【表現主義・分離派】…建築家の個性や主張が表れた主観的なデザインが特徴

【富士見の渡し】…江戸幕府の米蔵が近くにあったため、「御蔵の渡し」とも呼ばれた。隅田川には明治初期に20以上の渡し（渡船場）があった

【分離派建築会】…1920年東京帝国大学建築学科の同期6名が結成したグループ。日本で初めての近代建築運動を行った

【ペンシルビル】…狭い土地の上に立てられた中層建築物の通称。奥行きがあり、縦に細長い形を鉛筆に例えたもの

ま

【文部科学省検定済教科書】…民間企業が発行し、文部科学大臣の検定を経て使用される図書

ら

【ライト式】…F.L.ライトの旧帝国ホテルとその後継デザインの総称。水平線を強調するデザインが特徴

【ロマネスク様式】…11〜12世紀頃の西ヨーロッパで取り入れられた建築様式

参考文献

・復興建築図集 東京・横浜 1923-1930(建築学会 編/丸善株式会社)
・建築の東京：大東京建築祭記念出版(都市美協会 編/都市美協会)
・帝都復興事業図集(東京市 編/東京市)
・帝都復興区劃整理誌(東京市 編/東京市)
・大東京寫眞帖(高倉嘉夫 編/忠誠堂)
・日本近代建築総覧(日本建築学会 編/技報堂)
・帝都復興せり！『建築の東京』を歩く 1986〜1997(松葉一清 著/朝日新聞社)
・震災復興 後藤新平の120日(後藤新平研究会 編著/藤原書店)
・危機の都市史 災害・人口減少と都市・建築(「都市の危機と再生」研究会 編/吉川弘文館)
・復興建築の東京地図 関東大震災後、帝都はどう変貌したか(松葉一清 監修, 平凡社)
・災害教訓の継承に関する専門調査会報告書(平成20年3月)1923 関東大震災【第3編】第1章 帝都復興の展開(内閣府防災担当)
・戦前期の日本における集合住宅の歴史(東京理科大学学術リポジトリ)
・復興建築助成株式会社による関東大震災復興期の「共同建築」の計画プロセスと空間構成に関する研究(日本建築学会計画系論文集 2006年71巻603号)
・消えゆく同潤会アパートメント(橋本文隆・内田青蔵・大月敏雄 編/兼平敏樹 写真/河出書房新社)
・髙島屋東京店建造物歴史調査報告書(髙島屋東京店建造物歴史調査検討会 編, 髙島屋)
・日本橋S.C.おかげにて(株式会社髙島屋CSR推進室)
・おかげにて一八〇(髙島屋CSR推進室180年史編纂室 編纂/株式会社髙島屋)
・古書肆100年 一誠堂書店(一誠堂書店 著/一誠堂書店)
・赤い三角屋根誕生 国立大学町開拓の景色(くにたち郷土文化館)
・国立三角駅舎物語(国立市観光まちづくり協会)
・市内総合文化財調査(建造物)沖本家住宅調査報告書(国分寺市教育委員会)
・教文館ものがたり 明治・大正・昭和・平成の130年(教文館)
・三越日本橋本店本館調査報告書(三越日本橋本店本館調査検討会 編, 三越伊勢丹ホールディングス)
・日本の近代をデザインした先駆者—生誕150周年記念後藤新平展図録(東京市政調査会 編/東京市政調査会)
・都市の記憶 美しいまちへ(鈴木博之・増田彰久・小澤英明・オフィスビル総合研究所 著, 白揚社)
・都市の記憶II 日本の駅舎とクラシックホテル(鈴木博之・増田彰久・小澤英明・吉田茂・オフィスビル総合研究所 著, 白揚社)
・日本のステンドグラス 小川三知の世界(増田彰久 写真, 田辺千代 文, 白揚社)
・日本のアール・デコの建築家 渡辺仁から村野藤吾まで(吉田鋼市 著, 王国社)
・下町の名建築さんぽ(大島健二 文・絵, エクスナレッジ)
・新装版 東京建築ガイドマップ(倉方俊輔, 斉藤理 監修・執筆, エクスナレッジ)
・東京レトロ建築さんぽ(倉方俊輔 著, 下村しのぶ 写真, エクスナレッジ)
・住宅建築 2016年6月号 no.457(建築思潮研究所 編/建築資料研究社)
・住宅建築 2016年8月号 no.458(建築思潮研究所 編/建築資料研究社)
・住宅建築 2016年10月号 no.459(建築思潮研究所 編/建築資料研究社)
・建築施工単価 2011年春号(経済調査会 編/経済調査会)
・ecoms 34号(SUS株式会社)
・建築とまちづくりno.418(新建築家技術者集団 編/新建築技術者集団)
・建築雑誌1926年1月号(日本建築学会 著/日本建築学会)
・月刊浅草 大正15年1月号(月刊浅草社)

おわりに

もうじき、関東大震災から100年を迎えます。

この100年の間に、日本は戦争と、地震を始めとする多くの自然災害や大火を経験しました。被災からの復興には、その時代ごとの支援と対策があり、生活再建を支える仕組みづくりは日々進化していると考えます。

一方で、災害はそう毎年起きるものではなく、その記憶の継承が難しいことも多くあります。

100年前、被災地に立った人々が何を考え、何を悩み、何を目指して建築をつくり、街をつくってきたのか。やはり、いろいろな方法で記録し、伝えていかなければならないと思っています。

本書を通して、今は「まちなかの近代建築」として眺められるあの建物やその建物に、未曾有の災害からの復興の意気込みと、当時最先端である耐火建築としての歴史が隠れていることが少しでも伝われば何よりです。

栢木まどか

復興建築

モダン東京をたどる建物と暮らし

2020年12月2日　初版第1刷発行
2022年7月31日　　　第2刷発行

監修：栢木（かやのき）まどか
写真：金子怜史
デザイン：細山田光宣＋松本 歩＋川口 匠（細山田デザイン事務所）
イラスト：mimi（P18-45）
ライティング：岩佐陸生、藤沢うるう、森沢順子、加藤良子
企画・編集：小宮 萌、浅見英治、小泉宏美（TWO VIRGINS）

協力：ぼくの近代建築コレクション、原田常司、国分寺市教育委員会、東京都復興記念館、
大橋智子、大沼千尋、兼平雄樹、清水 襄、助六、日本橋髙島屋S.C.本館、一誠堂書店、東書文庫、
第2井上ビル、カフェおきもと、HARIO株式会社、三菱倉庫株式会社、株式会社教文館、
株式会社和光、株式会社学士会館精養軒、国立科学博物館、黒沢ビル、株式会社文房堂

executive producer：Blue Jay Way

発行者：後藤佑介
発行所：株式会社トゥーヴァージンズ
〒102-0073
東京都千代田区九段北4-1-3
電話：(03) 5212-7442
FAX：(03) 5212-7889
https://www.twovirgins.jp

印刷所：株式会社シナノ

ISBN：978-4-908406-64-5

©TWO VIRGINS 2020　Printed in Japan

乱丁・落丁本はお取り替えいたします。
本書の無断複写（コピー）は著作権法上での例外を除き、禁じられています。
定価はカバーに表示しています。